COMO LER TABLATURA NA GUITARRA

Um Guia Completo sobre Leitura de Tablatura e Execução
das Técnicas Modernas de Guitarra

JOSEPH ALEXANDER

FUNDAMENTAL CHANGES

Como Ler Tablatura na Guitarra

Um Guia Completo sobre Leitura de Tablatura e Execução das Técnicas Modernas de Guitarra

Publicado por: **www.fundamental-changes.com**

ISBN 978-1-78933-171-4

Copyright © 2019 Joseph Alexander

Editado por Tim Pettingale

Tradução: Elton Viana

Os direitos morais do autor foram assegurados.

Todos os direitos reservados. Nenhuma parte desta publicação pode ser reproduzida, armazenada em sistemas de armazenamento, ou transmitida em qualquer forma ou meio, sem a expressa autorização por escrito da editora.

A editora não é responsável por sites (ou conteúdos) que não são de propriedade da editora.

Mais de 11 mil curtidas no Facebook: **FundamentalChangesInGuitar**

Instagram: **FundamentalChanges**

Para acessar mais de 350 videoaulas, confira:

www.fundamental-changes.com

Copyright da Imagem da Capa: Shutterstock (Brothers Art)

Agradecimentos especiais a Levi Clay por ter transcrito, notado e gravado todos os exemplos.

Sumário

Introdução	4
Obtenha os Áudios	7
Capítulo Um: O Básico – Linhas, Números e Ritmo	8
Capítulo Dois: Bends	18
Capítulo Três: Palhetando	24
Capítulo Quatro: Slides	31
Capítulo Cinco: Legato (Hammer-ons, Pull-offs e Tappings)	34
Capítulo Seis: Articulação e Dinâmica	41
Capítulo Sete: Harmônicos	47
Capítulo Oito: Técnicas com a Barra Whammy	53
Capítulo Nove: Direções Estruturais	57
Conclusão	63
Outros Livros da Fundamental Changes	64

Introdução

Considerando os seus vários formatos, a tablatura existe desde o século XV, quando era usada para notar rapidamente a música do alaúde. Embora a tablatura tenha evoluído, ela ainda se parece notavelmente com as primeiras versões, que foram registradas há mais de 600 anos.

A notação musical tradicional usa um sistema de cinco linhas e pontos para descrever o tom de uma nota. Por exemplo, a escala de C maior, quando escrita em notação tradicional (padrão), tem essa forma:

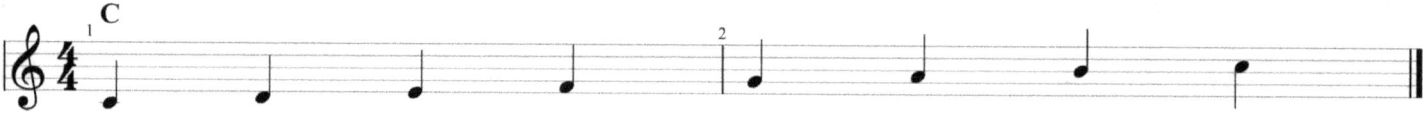

Embora a tablatura tenha semelhança com a notação tradicional em alguns aspectos, na primeira as linhas representam as seis cordas do instrumento e no lugar dos pontos são colocados números. Esses números nos dizem em qual casa e corda devemos tocar a corda do instrumento. A escala de C maior, acima, pode ser representada na guitarra da forma a seguir.

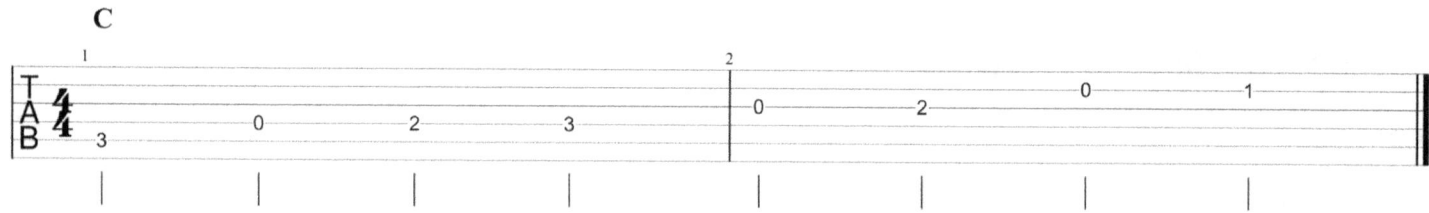

As notas das duas notações anteriores são idênticas.

Então, por que os guitarristas preferem a tablatura, quando há disponível um sistema perfeito de notação de música tradicional?

Bem, a resposta curta é: "Porque a tablatura é muito mais fácil de ler!".

Em uma guitarra de 24 casas, podemos tocar a nota E em até seis casas diferentes, quando tocamos a corda Mi (1ª corda). A mesma nota E pode ser tocada nas seis posições seguintes.

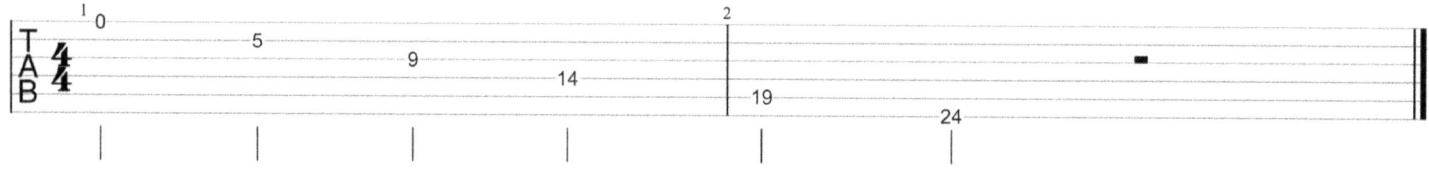

Onde devo tocar essas notas?

Se você tocar cada uma delas, perceberá que a nota permanece a mesma, enquanto o *tom* muda.

A maioria das notas na guitarra, de mesma tonalidade, pode ser tocada em três ou quatro locais diferentes, o que coloca o guitarrista em desvantagem imediata quando se trata de ler música. Em um piano, cada nota de um tom específico só pode ser tocada em um local. Assim, quando um pianista vê uma peça com notação tradicional, ele sabe o que cada ponto na notação significa e qual tecla deve ser pressionada. Guitarristas, por outro lado, precisam descobrir a melhor posição para tocar uma frase ou lick, portanto a abordagem de "tentativa e erro" pode ser exigida frequentemente.

A tablatura supera esse obstáculo, pois, além de nos dizer imediatamente qual nota tocar, nos diz *onde tocá*-la.

A tablatura também tem a vantagem de ser muito fácil de ler, para um iniciante. É por isso que a maioria dos guitarristas prefere ler a tablatura, em vez da notação padrão.

Se, na sua primeira aula de guitarra, eu fosse ensinar-lhe guitarra através da notação musical tradicional, seria necessário, antes, explicar-lhe o significado das linhas e espaços na notação. Depois, você teria de aprender e memorizar as notas da notação. Finalmente, você teria que aprender e memorizar a localização dessas notas no braço da guitarra.

Finalmente, você teria que "decodificar" a série de pontos (notas) que eu escreveria para você, descobrir quais notas os pontos representariam, encontrá-las na guitarra e depois tocá-las. É um grande trabalho! Eu ainda nem comecei a falar sobre ritmo, e, se eu fosse escrever um acorde, ele poderia apresentar até seis notas na notação, uma acima da outra!

Usando a tablatura, no entanto, eu posso rapidamente mostrar que a linha inferior representa a corda Mi grave e a linha superior representa a Mi aguda e que os números escritos em cada linha lhe dizem em qual casa tocar, sem decodificação necessária. Dessa forma, podemos focar em fazer música!

Não me interprete mal, ler notação tradicional é uma habilidade vital para qualquer músico, e você deve fazer o esforço necessário para aprendê-la, mas, certamente, esse não deve ser o objetivo da sua primeira aula de guitarra.

Adicionando expressão

Outra grande vantagem da tablatura está relacionada com a forma como os guitarristas tocam guitarra. Quase todas as notas que tocamos tendem a ser ornamentadas de alguma forma. Para tocar uma sequência de notas, podemos fazer *bends*, *slides*, tappings, *hammer-ons* ou *pull-offs*. Em geral, também adicionamos vibrato e efeitos especiais.

Quando você considera que existem várias maneiras de fazer um *bend* em uma nota ou de adicionar um vibrato, fica fácil ver por que a notação tradicional é um pouco complicada, quando se trata de notar todas as nuances de tocar guitarra. É muito mais fácil simplesmente *escrever* a execução desejada de um *bend* ou de um truque com a barra whammy na tablatura, do que tentar notá-los do modo tradicional.

Como você pode ver, a tablatura oferece imediatismo e sutileza em notações de música moderna, por isso saber ler tablatura é uma *habilidade essencial* para qualquer guitarrista.

Mesmo assim, é normal que a tablatura seja combinada com a notação tradicional, pois há uma coisa que a tablatura não nos diz: o ritmo. É muito bom poder ver o número de uma casa e a corda específica de uma nota, mas por quanto tempo você deve tocá-la?

Fornecer a notação tradicional *junto* da tablatura é muito comum. Não só porque alguns guitarristas preferem ler notação padrão em vez de tablatura, mas também porque a notação é muito boa em descrever por quanto tempo uma nota deve ser tocada.

Embora existam algumas tablaturas híbridas interessantes, que incorporam o aspecto rítmico da notação padrão, é muito mais comum ver a tablatura e a notação padrão escritas em conjunto. Geralmente, é difícil encontrar tablaturas com ritmo e que sejam, ao mesmo tempo, claras e fáceis de ler. Desse modo, o ritmo fica contido na notação padrão. Por exemplo:

Você aprenderá a ler o ritmo mais adiante, o que irá lhe preparar para tocar qualquer coisa que você precise tocar.

Por enquanto, vamos começar a lidar com o básico da leitura de tablaturas. Começaremos estudando as linhas, números e símbolos rítmicos que nos dizem como uma música específica deve soar e onde ela deve ser tocada no braço da guitarra.

Obtenha os Áudios

Os arquivos de áudio deste livro estão disponíveis para download gratuitamente em: **www.fundamental-changes.com.** O link "Download Audio" está no menu no canto superior direito. Clique no tipo de livro que você comprou (guitarra, baixo etc). Isso o levará a uma página de formulário onde você selecionará o título do seu livro na lista suspensa. Siga as instruções para obter os áudios.

Recomendamos que transfira os arquivos diretamente para o seu computador, não para o tablet, e depois os extraia, antes de adicioná-los à sua biblioteca multimídia. Em seguida, você poderá colocá-los no seu tablet, iPod ou gravá-los em um CD. Na página de download há um PDF de ajuda, e também fornecemos suporte técnico através do formulário de contato.

Obtenha os áudios agora em:

www.fundamental-changes.com

Mais de 11 mil curtidas no Facebook: **FundamentalChangesInGuitar**

Instagram: **FundamentalChanges**

Capítulo Um: O Básico – Linhas, Números e Ritmo

Como descrito na introdução, os conceitos básicos sobre leitura de tablatura são muito simples. A *pauta* da tablatura contém seis linhas e cada linha representa uma corda da guitarra.

A maneira mais fácil de identificar cada uma delas é lembrando que a corda mais grave — Mi (6ª corda) — da guitarra fica na última linha da tablatura. Se você colocar o livro sobre uma mesa, a linha mais próxima a você representará igualmente a corda mais próxima a você.

A corda mais aguda da guitarra — Mi (1ª corda) — fica na primeira linha da tablatura. No papel, ela é representada pela linha que fica mais afastada de você e também pela corda mais afastada de você na guitarra.

Agora, você pode ver facilmente como as linhas se relacionam com as cordas da guitarra. Muitas vezes, na tablatura de guitarra, você verá os nomes das cordas escritos à esquerda da pauta da tablatura e a palavra "TAB" escrita sobre as próprias linhas que representam as cordas.

Outra maneira útil de lembrar qual corda é qual é olhando para a palavra "TAB" e notar que a letra "B" (representando a corda mais grave ou o "baixo") está na linha inferior.

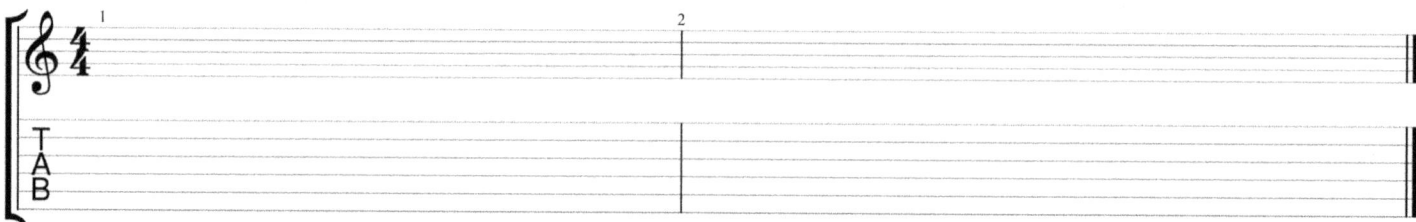

Tal como acontece com a notação padrão e o português escrito, a notação deve ser lida da esquerda para a direita.

Para indicar que se deve tocar em uma casa específica, numa corda em particular, simplesmente escrevemos o número da casa em questão na linha que representa a corda desejada.

O exemplo 1a lhe diz para fazer o seguinte:

Tocar a nota da 3ª casa na 6ª corda (Mi grave).

Tocar a nota da 5ª casa na 1ª corda (Mi aguda).

Tocar a nota da 2ª casa na 2ª corda (Si).

Tocar a nota da 7ª casa na 4ª corda (Ré).

Reproduza o exemplo seguinte e ouça o áudio de exemplo, para verificar se a sua execução está correta.

Exemplo 1a

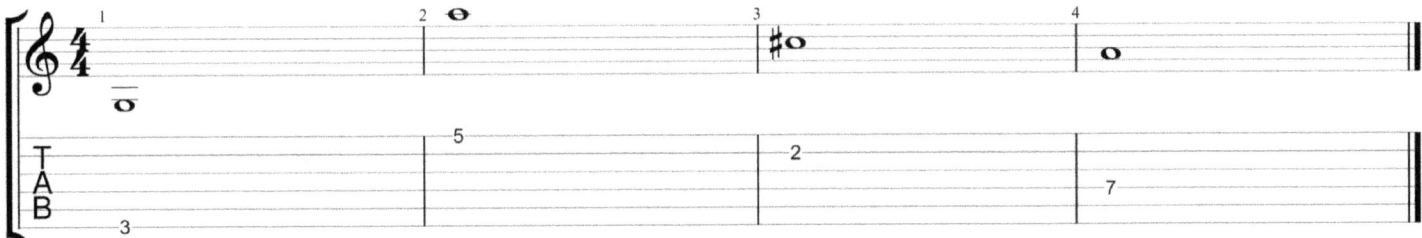

Para indicar que uma corda deve ser tocada *solta*, sem ser tocada em casa alguma, nós simplesmente escrevemos um "0" na corda desejada.

Exemplo 1b

Se precisarmos tocar duas ou mais notas ao mesmo tempo, os números das casas são posicionados verticalmente uns sobre os outros. Lembre-se: lemos da esquerda para a direita, para que as notas escritas verticalmente sejam tocadas simultaneamente. Dedilhe ou palhete o exemplo a seguir.

Exemplo 1c

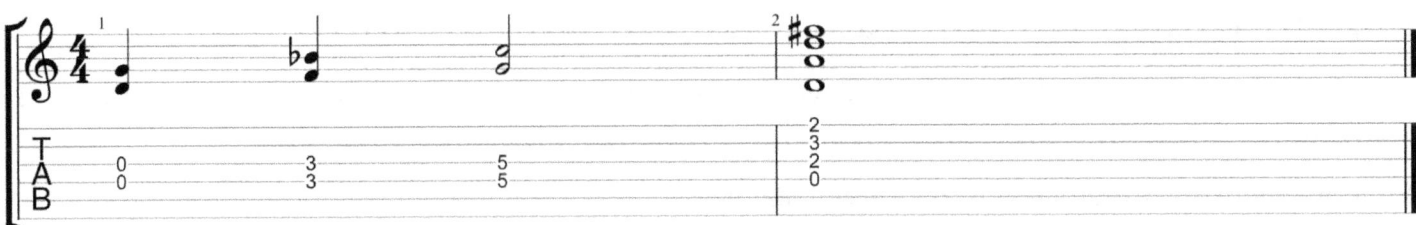

No exemplo anterior, você pode ter reconhecido o acorde final de D maior. Normalmente, quando um acorde completo é notado em uma tablatura, adicionamos um diagrama do referido acorde e um símbolo acima dele, para tornar a música mais fácil de ler.

Exemplo 1d

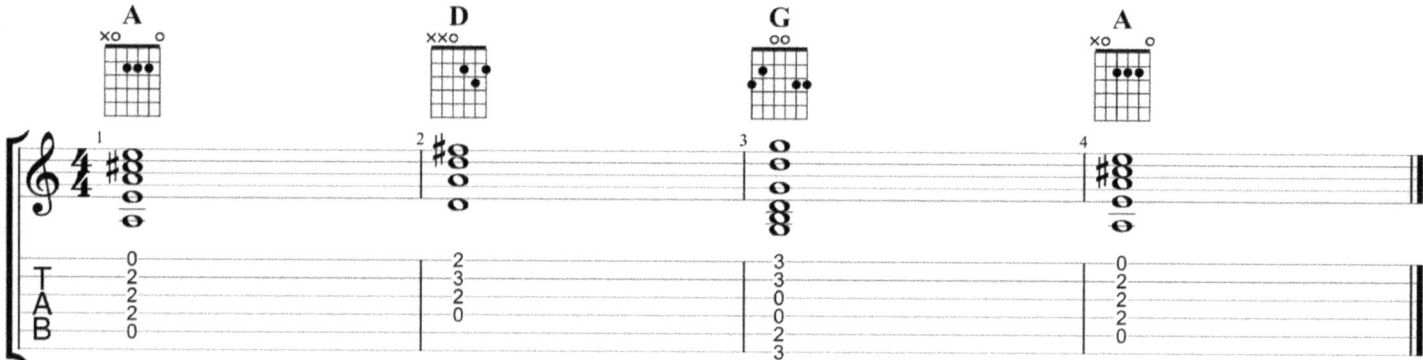

Como teste, toque a seguinte melodia na sua guitarra.

Exemplo 1e

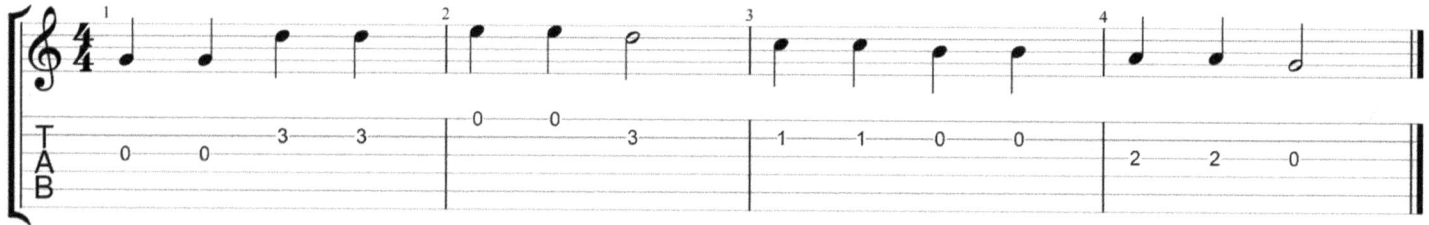

Finalmente, é possível tocar uma nota na guitarra que não tem tonalidade alguma. Isto é chamado de *abafamento* e é normalmente realizado de duas maneiras.

A primeira maneira consiste em pressionar suavemente uma corda com a mão esquerda, certificando-se de não pressionar totalmente tal corda sobre uma casa específica.

A segunda maneira consiste em abafar uma corda, tão logo você a toque com a mão esquerda.

Quando você tocar uma nota abafada, ela deve soar sem vida e percussiva. Desse modo, ela não deve ter sustentação.

Notas individuais e acordes inteiros podem ser abafados.

Seja como for, uma nota abafada é representada por um "X" na tablatura, em vez de um número.

Exemplo 1f

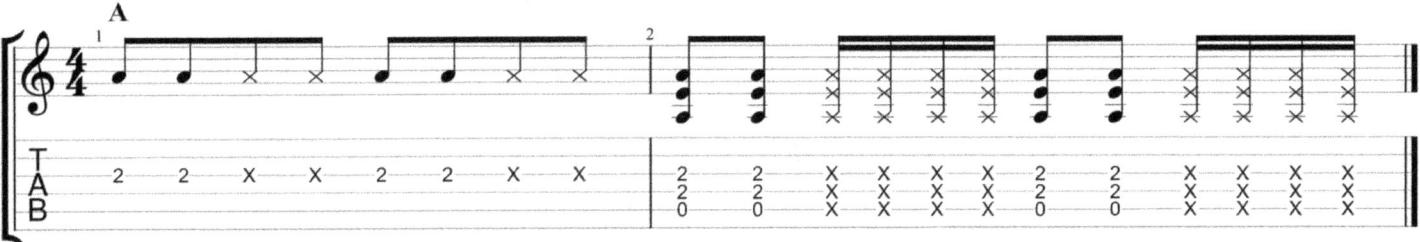

Lendo o Ritmo

Algumas pessoas consideram que a tablatura possa ser ineficiente com relação ao ritmo. De fato, a combinação de tablatura com notação padrão é uma forma fantástica de sabermos quando devemos tocar uma nota e qual a sua duração.

Ritmicamente, as tablaturas mais complicadas de serem lidas estão presentes em sites como: www.ultimate-guitar.com. Com as suas tablaturas na codificação ASCII, o ritmo é mostrado através dos espaçamentos entre as notas de uma linha. Nelas não há nenhuma notação precisa sobre ritmo.

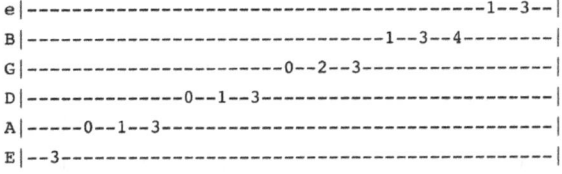

Embora esse tipo de tablatura possa funcionar, se o ritmo for simples, pode ser difícil tocar uma música mais complexa, que contenha mais do que simples colcheias ou semicolcheias.

Outra versão de tablatura combina a notação de ritmo com tablatura. Os valores rítmicos são adicionados sob as linhas da tablatura e, desde que você entenda como os ritmos são compostos na guitarra, você saberá quando tocar cada nota.

Abaixo há um exemplo disso. Não se preocupe! Você não precisa tocar isso... ainda!

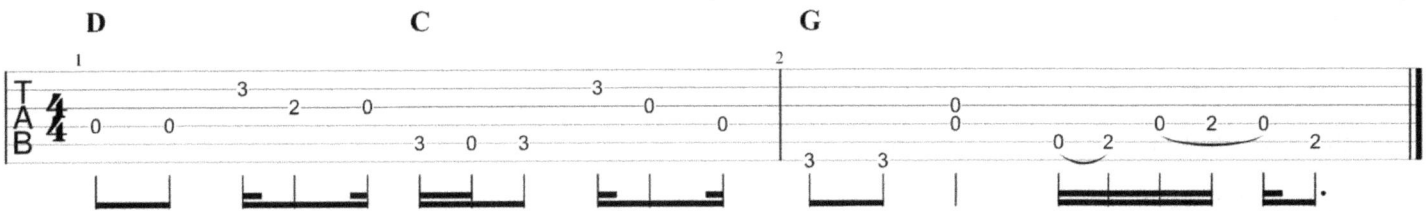

Veremos rapidamente como ler o ritmo na notação, para que você esteja bem preparado quando você precisar tocar algo.

Na música escrita, o ritmo é dividido em *compassos*, os quais por sua vez contêm *batidas*.

Os compassos são recipientes que normalmente contêm quatro batidas. Cada batida é dividida em ritmos que são nomeados de acordo com a forma como eles dividem um compasso padrão de quatro batidas.

Símbolos especiais são usados para indicar o tempo de duração de uma nota. Por exemplo:

- Uma semibreve preenche todo um compasso.
- Uma mínima preenche a metade de um compasso (em um compasso 4/4 cabem 2 mínimas).
- Em um compasso cabem 4 semínimas.
- Em um compasso cabem 8 colcheias.
- Em um compasso cabem 16 semicolcheias.

Essas notas são escritas da seguinte forma:

Abaixo de cada nota, há o seu valor equivalente de *pausa*. Uma pausa dura a mesma quantidade de tempo de uma nota específica, porém indica que deve haver silêncio durante o tempo por ela representado.

Observe que as colcheias e semicolcheias têm *barras de ligação* juntando-as. As colcheias têm um colchete e as semicolcheias possuem dois colchetes. Cada vez que você adiciona um colchete, a duração de uma nota é cortada pela metade, assim uma fusa teria três colchetes.

Toda peça musical começa com uma indicação de tempo que lhe diz quantas batidas há em um compasso. O tempo mais comum na música é o 4/4, que lhe diz que há quatro semínimas em cada compasso. Em breve, abordaremos os valores rítmicos das notas.

Outros tempos comuns são o 3/4 (três batidas de semínimas em um compasso) e o 12/8 (doze colcheias em um compasso, organizadas da seguinte forma: 1 2 3 1 2 3 1 2 3 1 2 3). O tempo 12/8 é comum na maioria das músicas de blues.

No Reino Unido, há um sistema, diferente do norte-americano, para nomear as durações das notas:

Whole note = semibreve

1/2 note = mínima

1/4 note = semínima

1/8 note = colcheia

1/16 note = semicolcheia

Esse sistema pode parecer estranho, mas ele tem uma grande vantagem em relação ao sistema norte-americano: os nomes das notas nos Estados Unidos são todos baseados na premissa de que há sempre quatro batidas em cada compasso.

No entanto, a música nem sempre é escrita no tempo 4/4 (quatro batidas por compasso) — temos os tempos 3/4, 6/8 e até mesmo o tempo 17/16. Em qualquer outro tempo que não seja o 4/4, não é possível haver 4 semínimas em um compasso.

No entanto, o sistema americano funciona muito bem se ignorarmos esse fato. É moderno, lógico, mais fácil de lembrar e não envolve aprender palavras diferentes!

Quando as colcheias e semicolcheias são combinadas, nós as juntamos com a barra de ligação. Toque ou bata palmas para acompanhar os ritmos a seguir. Você pode ouvi-los nas faixas de áudio.

Exemplo 1g

Agrupamentos de Notas

As colcheias e semicolcheias podem ser agrupadas em qualquer combinação matemática, desde que não excedamos o total de quatro semicolcheias por batida. Elas podem ser agrupadas das seguintes formas.

Exemplo 1h

Bata o pé com um metrônomo e aprenda a reconhecer e *sentir* os sons e efeitos dos ritmos acima.

Qualquer uma das notas dos exemplos acima pode ser substituída por uma pausa de mesmo valor rítmico.

Ligaduras

É possível *ligar* duas notas. Quando você vê uma nota ligada, você não toca a segunda nota do agrupamento. A primeira nota é mantida, além do seu próprio valor, pelo valor da segunda nota.

Na música escrita, a convenção é deixar sempre um espaço entre as batidas dois e três para facilitar a leitura. Por exemplo, é provável, exceto ocasionalmente, que você não encontre isso em músicas:

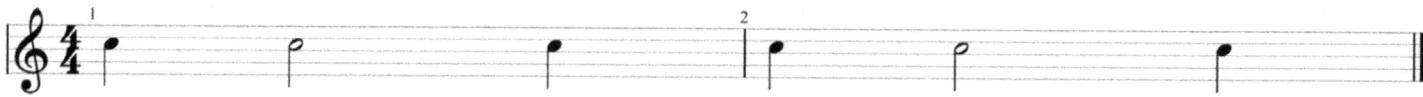

O ritmo acima deve, na verdade, ser escrito assim:

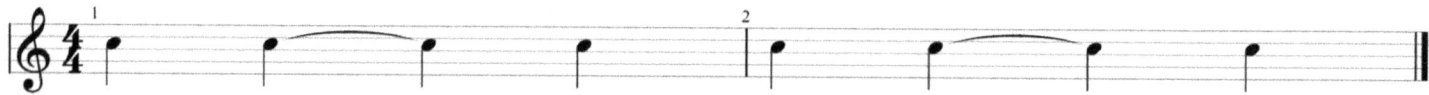

Os dois exemplos anteriores soam idênticos, mas o segundo exemplo é escrito corretamente, pois usa uma ligadura, para mostrar claramente onde fica o meio do compasso.

Se nós podemos mostrar a distância entre uma batida e outra, tornamos a notação mais fácil de ser lida. É preferível ver isso:

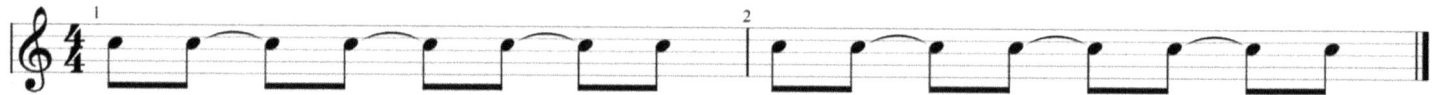

Do que disso:

Exemplo 1i

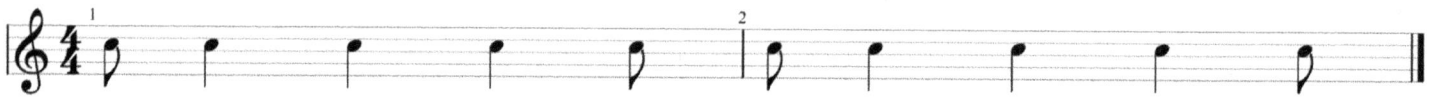

Isso é melhor, pois as distâncias entre as batidas são mostradas. Essa é uma questão de preferência pessoal, e a notação anterior é frequentemente utilizada.

Tente bater palmas junto do exemplo seguinte, o qual apresenta semicolcheias ligadas.

Exemplo 1j

Notas Pontuadas

Em notação, você verá frequentemente um pequeno ponto após uma nota. Tal ponto é uma instrução rítmica para *adicionar a uma nota a metade do seu valor.*

Por exemplo, se tivermos uma nota que dure 2 batidas, e adicionarmos novamente metade do valor da nota original (metade de 2 = 1), teremos uma nota com 3 batidas de duração.

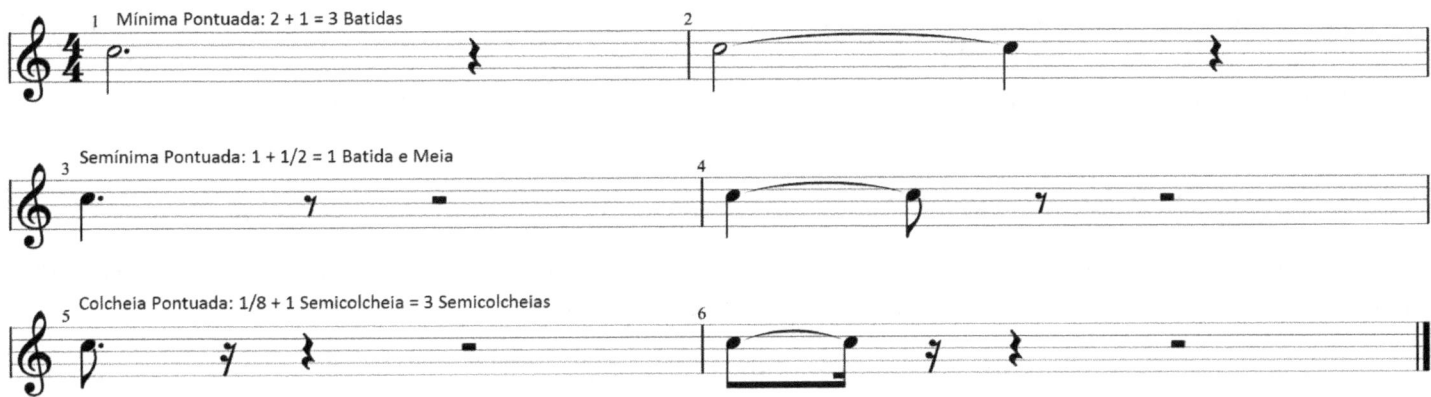

Em cada um dos exemplos acima você pode ver como a adição do ponto afeta a duração de uma nota. No segundo compasso de cada notação acima, podemos observar como adicionar um ponto é matematicamente o mesmo que ligar uma nota à outra com metade do seu tempo original.

Normalmente, a nota seguinte à nota pontuada fará com que a nota pontuada "complete" certo número de batidas. Por exemplo:

Exemplo 1k

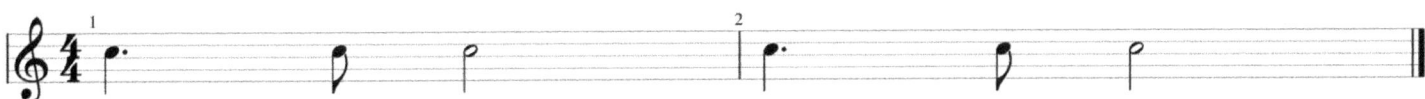

Tercinas

Uma tercina consiste simplesmente de três notas alocadas uniformemente no espaço de duas notas. A tercina é representada pelo número "3", posicionado acima de um determinado grupo de notas.

Quando você estiver aprendendo tercinas com colcheias, pode ser útil soletrar em voz alta: "ter-ci-na", junto do metrônomo. Certifique-se de que cada soletração coincida exatamente com o clique do metrônomo. A notação superior de cada exemplo apresenta a tercina; a inferior, por outro lado, serve apenas como referência e mostra a localização do valor original das notas.

Eu poderia escrever um livro inteiro sobre ritmos para guitarra (na verdade, confira meu livro *Dominando Leitura de Notação na Guitarra*, do qual eu tirei esses exemplos), mas esse é um assunto muito extenso, além disso, já abordamos a maioria dos ritmos de guitarra moderna no livro *Técnica Completa de Guitarra Moderna*.

Então, como fica tudo isso na tablatura?

Quando a notação de ritmo é inserida em uma tablatura, como um único *sistema*, a cabeça de cada nota é removida, e as hastes restantes ficam abaixo de cada nota na tablatura.

Aqui está um exemplo simples que combina semínimas, colcheias e semicolcheias.

Exemplo 1l

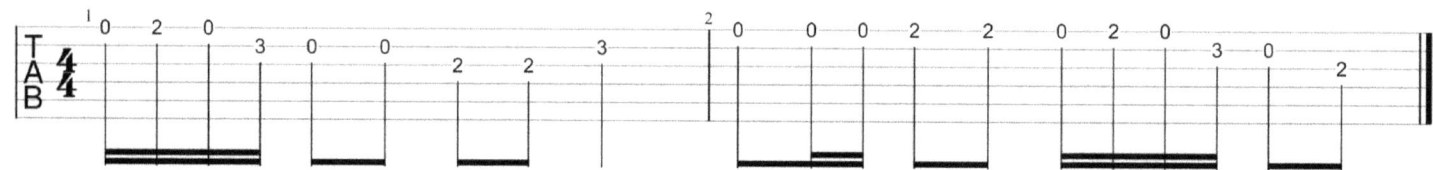

Aqui está um exemplo um pouco mais complexo que introduz tercinas e notas pontuadas.

Exemplo 1m

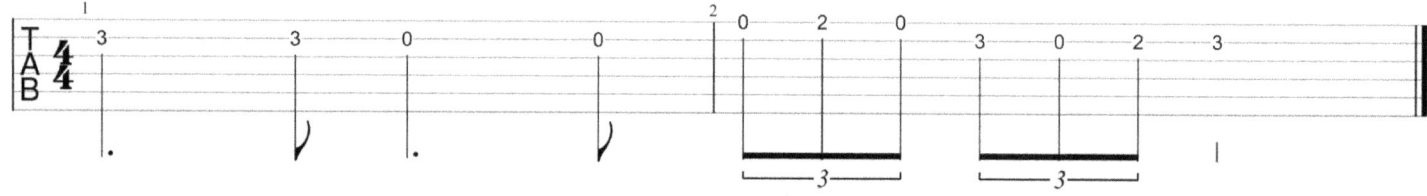

Combinar tablatura e notação padrão em uma notação única é certamente uma excelente forma de poupar espaço e apresentar claramente o fraseado rítmico de cada nota. É certamente uma evolução em relação à tablatura na codificação ASCII, mostrada anteriormente.

No entanto, em publicações profissionais, você verá normalmente a tablatura *e a* notação tradicional juntas. Quando isso acontece, todas as informações rítmicas são incluídas somente na parte de notação.

Embora possa parecer estranho prestar atenção, ao mesmo tempo, à tablatura e à notação, esse sistema é muito melhor do que um sistema único, que combina tablatura e notação.

Tal sistema é interessante aos guitarristas que não leem tablatura, mas, mais importante ainda, ele nos permite adicionar muito mais informações à partitura. Tais informações podem incluir posições de dedilhado, digitação, tempo, instruções de execução e informações sobre o posicionamento dos dedos.

Aqui está um pequeno exemplo de uma combinação de tablatura e notação, feita para guitarristas. Repare que o ritmo está incluído na parte da notação e que a parte da tablatura está "limpa". O espaçamento rítmico das notas na parte da tablatura se alinha perfeitamente ao espaçamento rítmico da notação.

Exemplo 1n

Agora que você dominou o básico da leitura de tablaturas e de ritmos e notas na guitarra, iremos nos familiarizar com algumas das técnicas especiais, usadas por guitarristas para criar músicas expressivas. Vamos começar com uma das técnicas mais expressivas da guitarra — os *bends*.

Capítulo Dois: Bends

Uma das técnicas mais comuns e únicas utilizadas pelos guitarristas é o *bend*. Os *bends* são uma ótima maneira de executar uma suave mudança de tom entre uma nota mais grave e outra mais aguda. Para executar um *bend*, você precisa empurrar uma corda para executar a subida de tom, empurrando-a para cima no braço da guitarra.

Você pode executar *bends* de menos de um semitom até *bends* de dois ou mais tons. Quanto mais se empurra a corda, maior se torna o tom do *bend*.

Na tablatura, o *bend* é representado por uma linha curva com uma seta. No exemplo seguinte, na nota da 7ª casa, na corda Ré, é feito um *bend* de um tom, o qual soa exatamente à nota da 9ª casa, tocada na corda Ré.

A palavra "*full*" escrita acima do *bend* indica que o *bend* deve ser de 1 tom.

Exemplo 2a

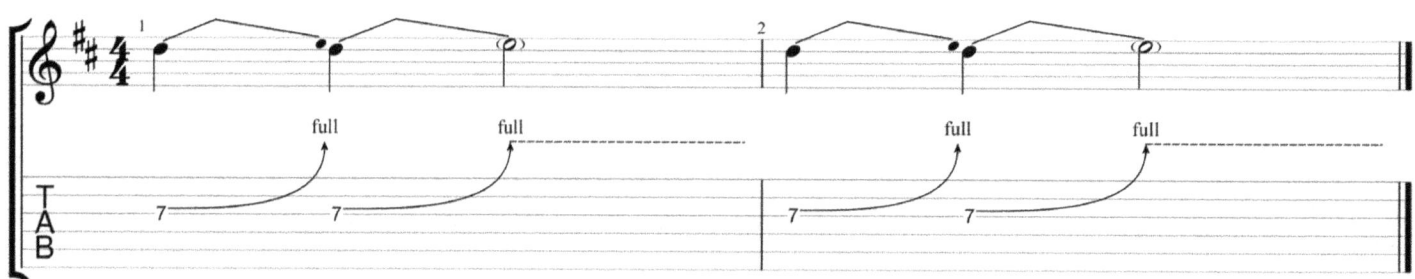

A maneira mais fácil de aprender a fazer *bends* é utilizar o dedo 3 da mão esquerda para digitar uma nota e utilizar os dedos 1 e 2 para apoiá-lo, posicionados na corda inferior imediata para dar mais força e controle. Colocar três dedos em uma corda gera muito mais força, do que utilizar apenas um dedo.

O comprimento do *bend* a ser executado está sempre escrito acima da seta. Outro comprimento comum é o de 1/2 tom (semitom):

Exemplo 2b

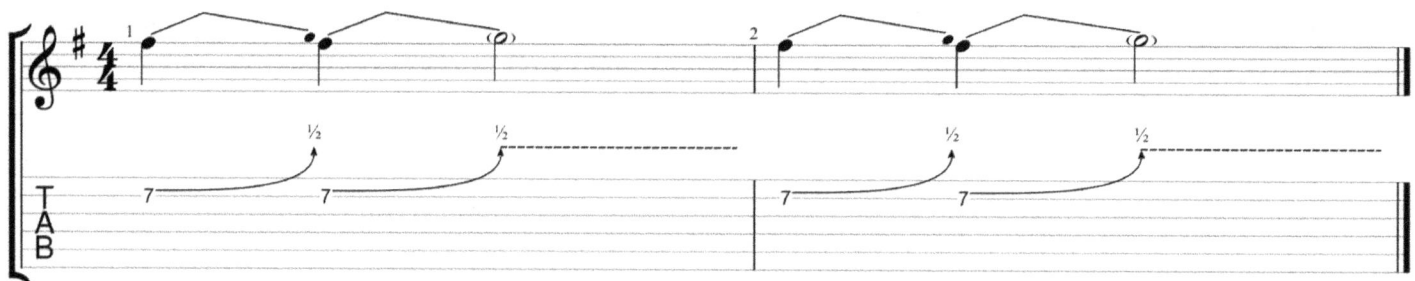

A seguir temos um *bend* de 1 tom e meio (1 1/2):

Exemplo 2c

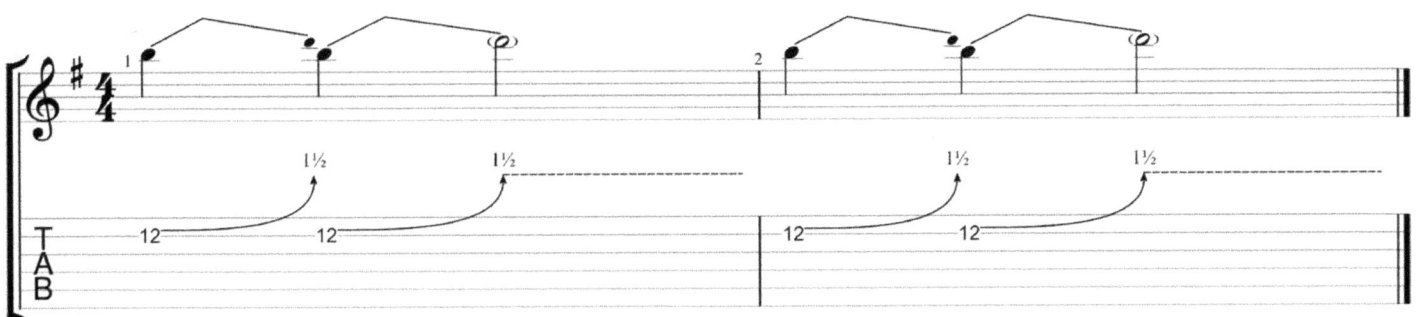

Temos até um *bend* de um quarto de tom (1/4). Ele é conhecido como "*bend* de blues".

Exemplo 2d

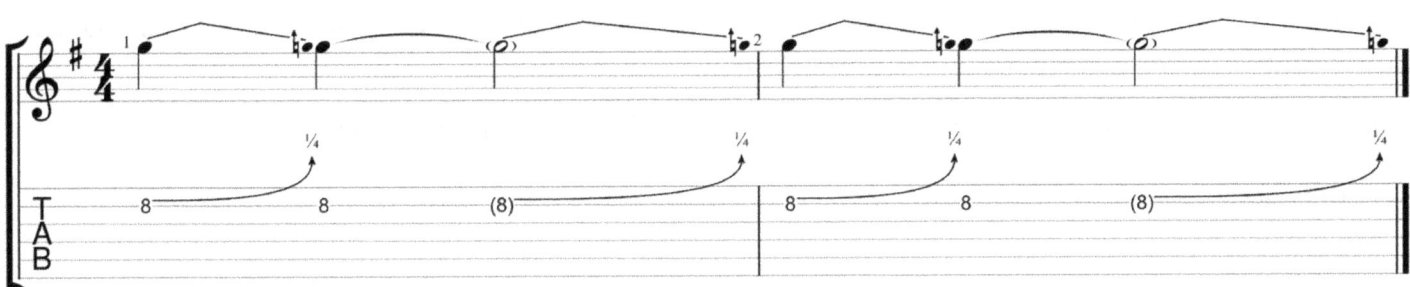

Você pode terminar um *bend* de várias maneiras. Até agora, só vimos *bends* que ascendem, mas não descendem à sua posição original. Se, após a execução de um *bend*, for necessário movê-lo com os seus dedos para o tom original, outra seta é adicionada para representar esse movimento.

Exemplo 2e

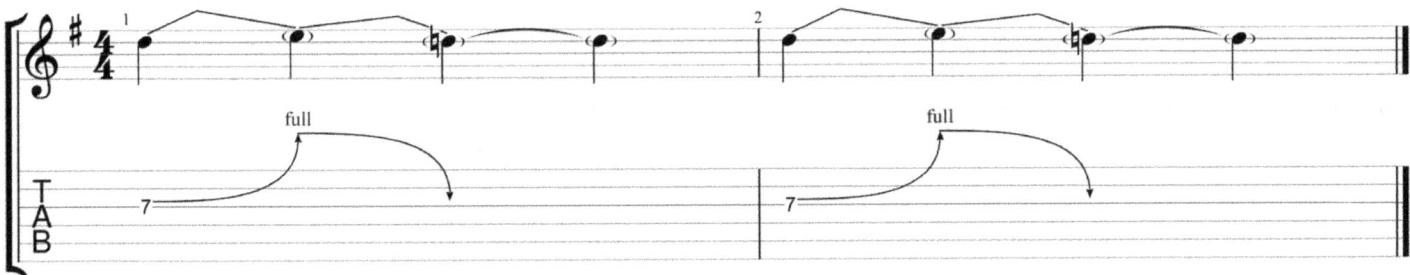

A nota de um *bend* pode ser mantida por tempo indefinido. O *bend* a seguir tem a duração de um compasso.

Exemplo 2f

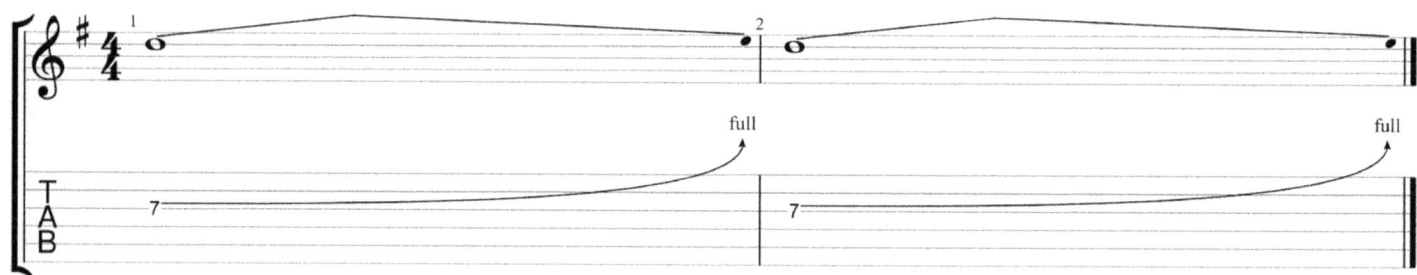

Também é importante notar que é possível ter controle sobre a quantidade de tempo necessária para atingir o tom desejado. Você pode iniciar um *bend* de forma rápida, lenta, muito lenta, moderada ou em qualquer outra velocidade possível.

No exemplo a seguir, um *bend* é executado três vezes, da nota D (tocada na 7ª casa, na corda Sol) até a nota E. Na primeira vez, o tom desejado é atingido instantaneamente. Na segunda vez, o *bend* é feito lentamente e requer duas batidas para atingir a tonalidade desejada. Na terceira vez, o *bend* é feito de forma extremamente lenta e requer quatro batidas para chegar ao seu destino.

Como seria de se esperar, a tablatura mostra essas nuances, através dos formatos das linhas curvas.

Exemplo 2g

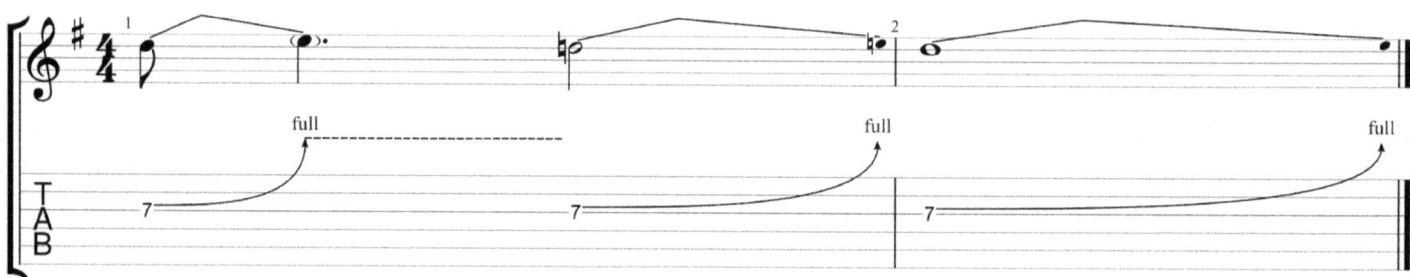

Uma das características únicas da guitarra é que você pode manipular o tom de uma nota mais de uma vez, após tê-la tocado. O exemplo seguinte começa com um longo *bend* de 1 tom e meio na nota B, seguido por outro *bend* de 1 tom e finalmente termina com um retorno à nota B inicial.

Exemplo 2h

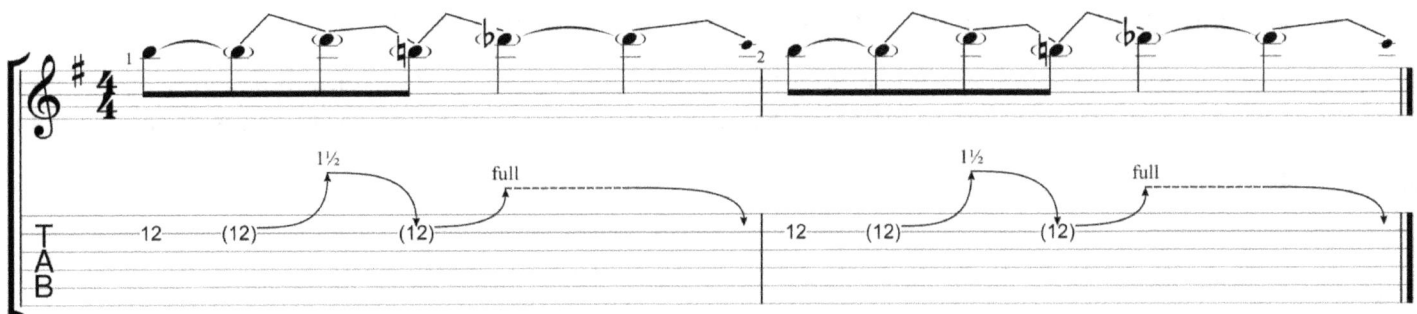

Apesar de o exemplo anterior ter sido executado apenas com uma palhetada em cada *bend*, é possível palhetar repetidamente, enquanto você executa um *bend*. No próximo exemplo, há novamente um *bend* de 1 tom e meio, mas desta vez palheto repetidamente a corda, conforme retorno lentamente à nota inicial.

Exemplo 2i

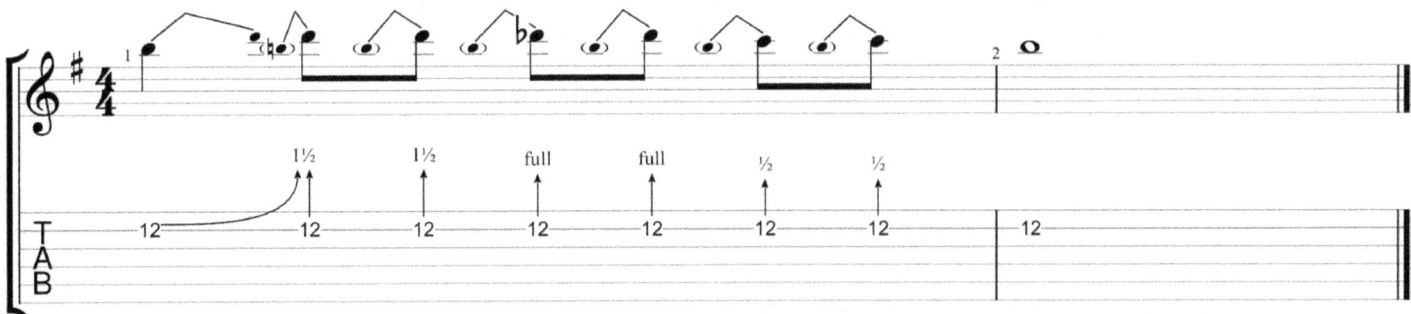

É possível fazer um *bend* em uma corda e mantê-lo, enquanto você toca outra nota, em uma corda mais aguda, como demonstra o curto lick de country a seguir.

Exemplo 2j

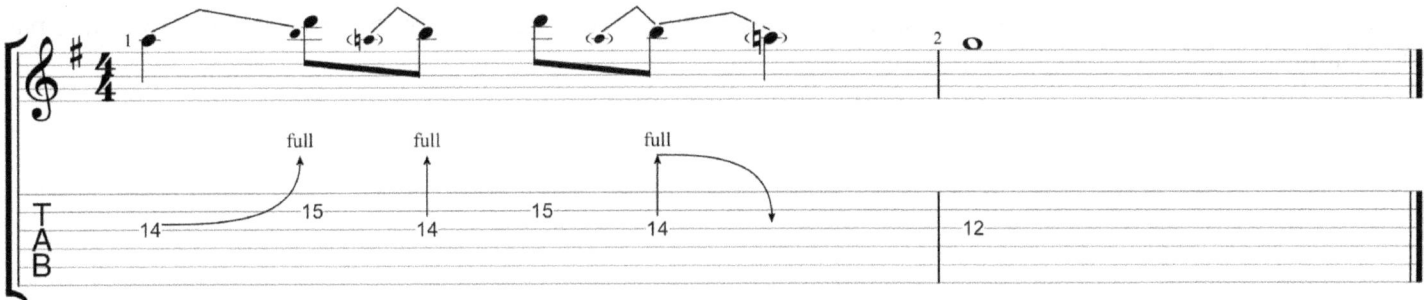

Finalmente, uma técnica importante é o *pré-bend*. Para executar um *pré-bend*, você deve fazer um *bend* até um tom específico, *antes de* tocar uma nota. Obviamente, este é um grande desafio, pois você não terá nenhuma referência audível. Existem vários exercícios que você pode usar para melhorar essa técnica. Tais exercícios são explicados em detalhe no meu livro: *Técnica Completa de Guitarra Moderna*.

A altura do *pré-bend* fica sempre escrita sobre a linha curva com uma seta. O exemplo a seguir apresenta o símbolo de um *pré-bend* na tablatura, o qual significa que você fazer um *bend* de 1 tom, antes de tocar a nota.

Exemplo 2k

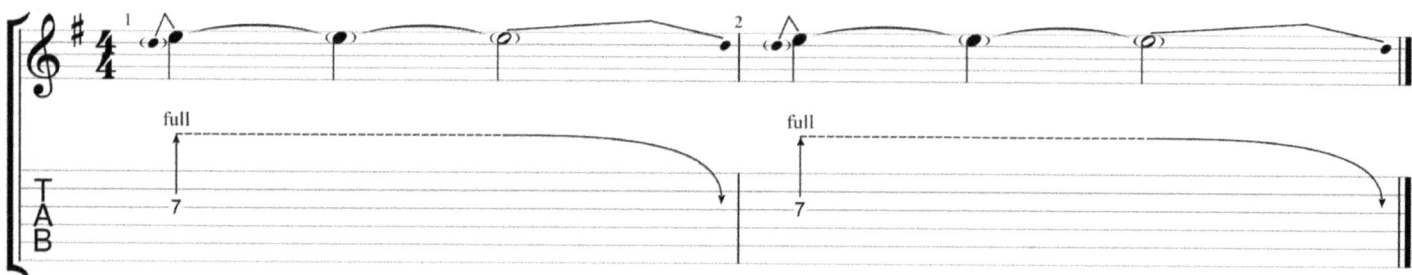

Como você pode ver, há muitas maneiras de executar *bends*, mas as informações apresentadas neste capítulo serão suficientes para que você possa ler e entender qualquer tablatura que você venha a encontrar.

Vibrato

O vibrato é uma das técnicas mais expressivas da música em geral e deve ser uma parte essencial do seu repertório. O vibrato é criado através da execução de uma série de *bends* muito pequenos, após uma nota ter sido tocada. Quanto maior forem os *bends* que você fizer em uma corda, *mais longo* será o vibrato. Quanto mais depressa você executar os *bends*, *mais rápido* será o vibrato.

Um vibrato pode surgir de qualquer combinação de *bends* lentos, rápidos, longos ou *curtos* e é uma técnica incrivelmente expressiva para os músicos. Muitas vezes, quando você está aprendendo uma música, é comum copiar os vibratos do guitarrista de tal música, mas, quando você estiver improvisando sozinho, é interessante que você deixe o seu próprio vibrato ganhar vida.

Na tablatura e na notação padrão, o vibrato é representado por uma linha horizontal ondulada, notada após uma nota. Uma linha larga e grossa representa um vibrato longo e uma linha estreita representa um vibrato curto. Ouça o áudio de exemplo e consulte a tablatura. Observe como os vibratos diferem um do outro, nas duas notas a seguir.

Exemplo 21

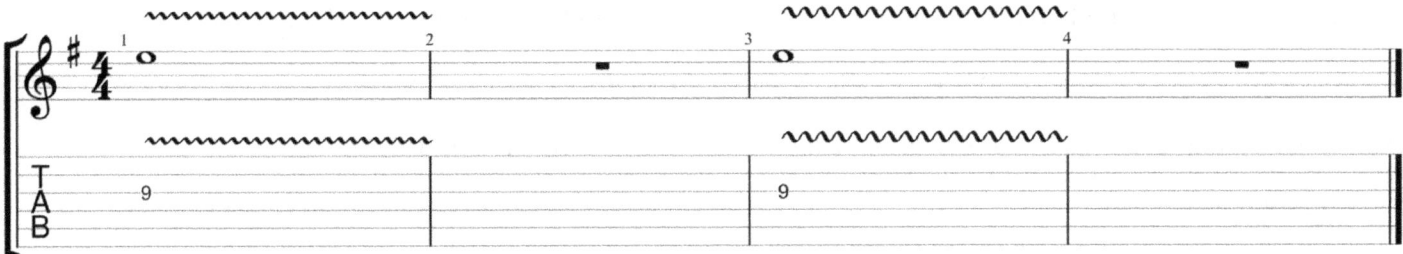

Uma coisa a prestar atenção na música é o *delay* que se apresenta antes do vibrato ser executado. Por vezes, o vibrato é executado imediatamente após uma nota ter sido tocada; outras vezes a nota em questão é mantida durante algumas batidas, antes do vibrato ser introduzido. Alguns compositores salientarão isso, ao deixar um espaço, antes de adicionar a linha ondulada que representa o vibrato.

Capítulo Três: Palhetando

Os guitarristas destros palhetam as cordas da guitarra com a mão direita. A maioria dos guitarristas usa uma *palheta* (ou *plectro*) para tocar as cordas, porém há mais coisas importantes que você precisa saber.

Só há duas direções em que podemos palhetar uma corda: para cima e para baixo.

O símbolo da palhetada para baixo se parece um pouco com a letra "n" minúscula.

Exemplo 3a

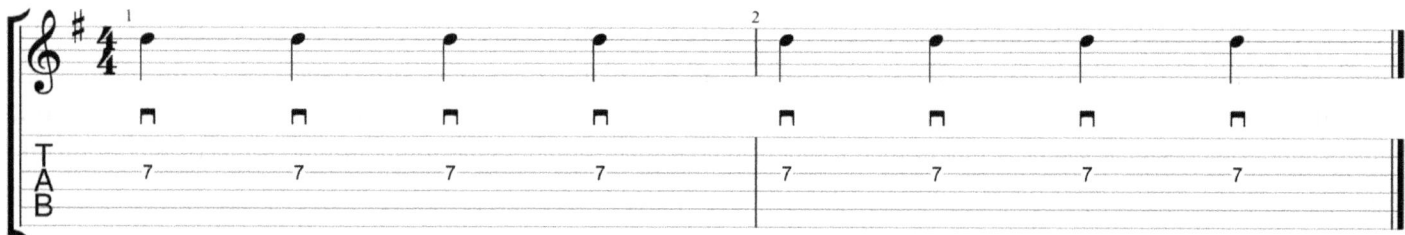

O símbolo da palhetada para cima se parece com a letra "v".

Exemplo 3b

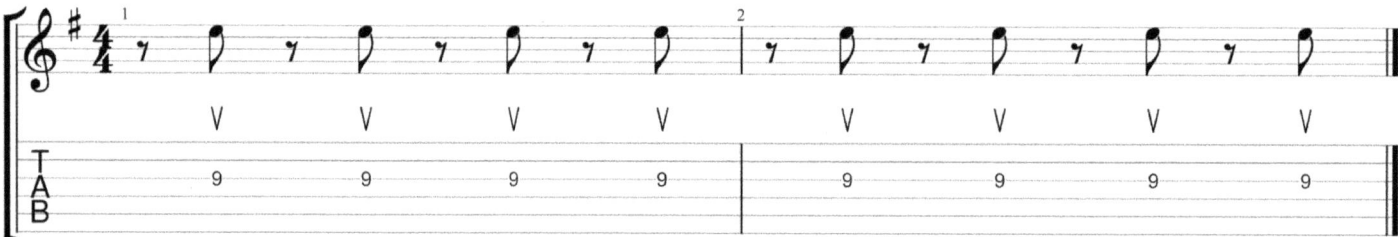

Os iniciantes muitas vezes não entendem por que o "V" apontado para baixo significa que a palhetada é para cima. Bem, olhe para que direção que o "V" aponta, em relação à tablatura. Ele está apontado para as cordas graves da guitarra, que é para onde a palhetada para cima se move.

A propósito, a notação de palhetada para cima e para baixo é de fato inspirada na notação das músicas de violino e é usada para dizer aos violinistas em qual direção eles devem tocar as suas notas. O símbolo "n" representa o *talão* do arco do violino e o "v" representa a ponta do arco.

Palhetadas para cima e para baixo são frequentemente notadas, para ajudar-nos a palhetar um ritmo corretamente. Como guitarristas, frequentemente utilizamos padrões de palhetadas para cima e para baixo, para tocar um ritmo no tempo correto.

Por exemplo, o ritmo a seguir seria normalmente palhetado com o padrão "baixo, baixo, cima".

Exemplo 3c

Considerando que o ritmo a seguir seja palhetado com o ritmo "baixo, cima, cima", temos:

Exemplo 3d

Longos padrões de palhetada são frequentes no funk e no rock. O segredo para dominá-los está em isolá-los e aprendê-los, uma batida de cada vez.

Ouça o áudio de exemplo e veja se você consegue dominar o ritmo a seguir.

Exemplo 3e

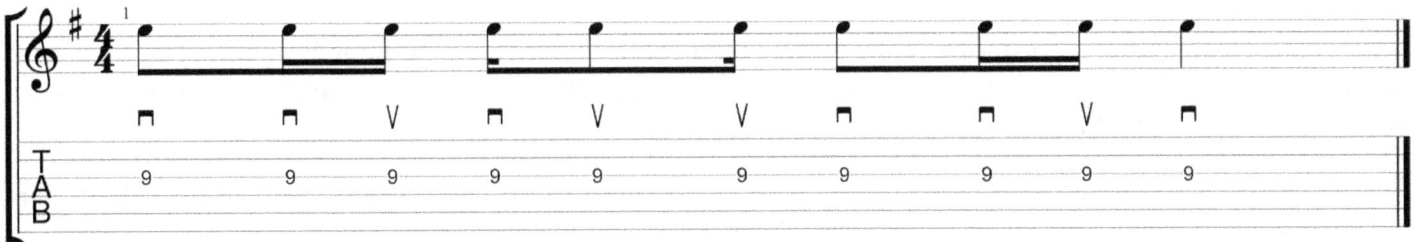

Direção da Palhetada

As direções de palhetada na guitarra não são sempre notadas na tablatura, mas uma boa regra, quando você estiver tocando acordes no pop e rock, é executar a palhetada para baixo nos acordes que caírem em uma batida qualquer. Qualquer acorde tocado *fora do tempo* (entre as batidas) é tocado com uma palhetada para cima.

Assim, uma sequência de acordes com semínimas seria tocada com palhetadas para baixo.

Nota: nos exemplos seguintes, usei as direções de palhetada para facilitar o seu entendimento, mas em músicas simples como essa, elas normalmente não estão presentes.

Exemplo 3f

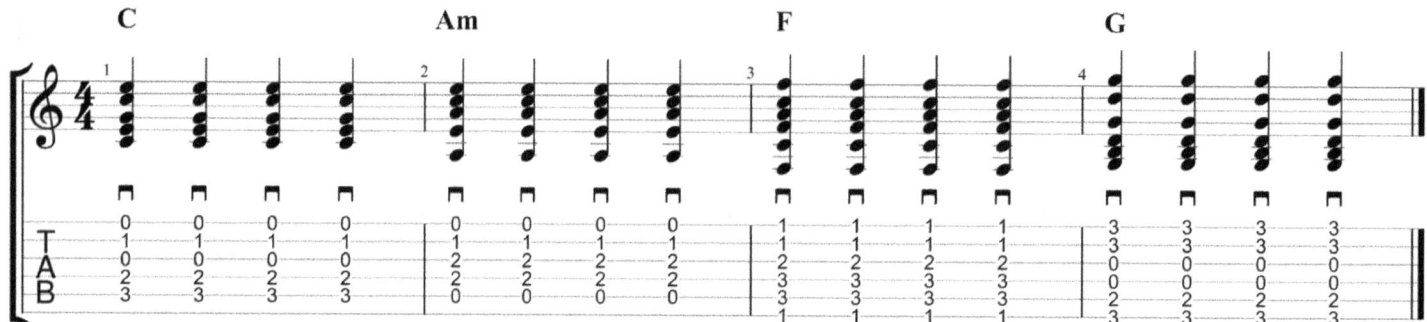

Uma série de acordes com colcheias poderia ser tocada com palhetadas para cima e para baixo.

Exemplo 3g

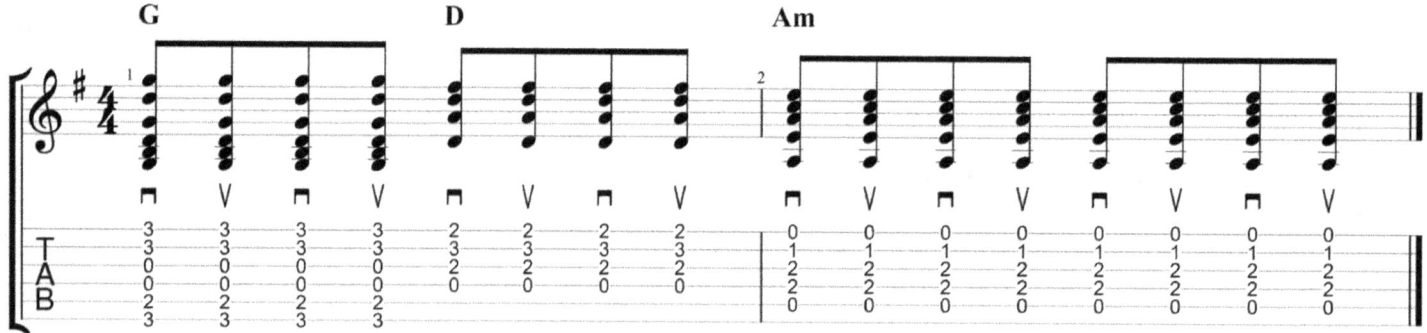

Com base nos exemplos anteriores, você deve montar uma combinação de ritmos de colcheias e semicolcheias.

Certamente, você não precisa utilizar uma palheta para tocar as cordas, você também pode utilizar os seus dedos. Se você for destro, utilize os dedos da mão direita para dedilhar as cordas, enquanto digita as notas com os dedos da mão esquerda.

Cada dedo da mão direita recebe um nome, que é então abreviado e apresentado na notação padrão, para mostrar-lhe quais dedos utilizar para dedilhar as cordas. Como acontece com muitas coisas na guitarra, os nomes dos dedos têm origem espanhola.

Polegar (**P**ulgar)

Indicador (**Í**ndice)

Médio (**M**edio)

Anelar (**A**nular)

O dedo mínimo é raramente utilizado para dedilhar as cordas.

Dependendo do estilo de música que você tocar, o polegar da mão direita pode ter funções diferentes.

Na música clássica, o polegar normalmente cuida das notas tocadas nas três cordas graves.

A sequência de acordes seguinte usa o polegar e os três dedos da mão direita, no estilo clássico. O polegar toca a nota do baixo e os outros 3 dedos arpejam as notas mais agudas dos acordes.

Observe como as letras representando cada dedo estão notadas na notação, mas não na tablatura.

Exemplo 3h

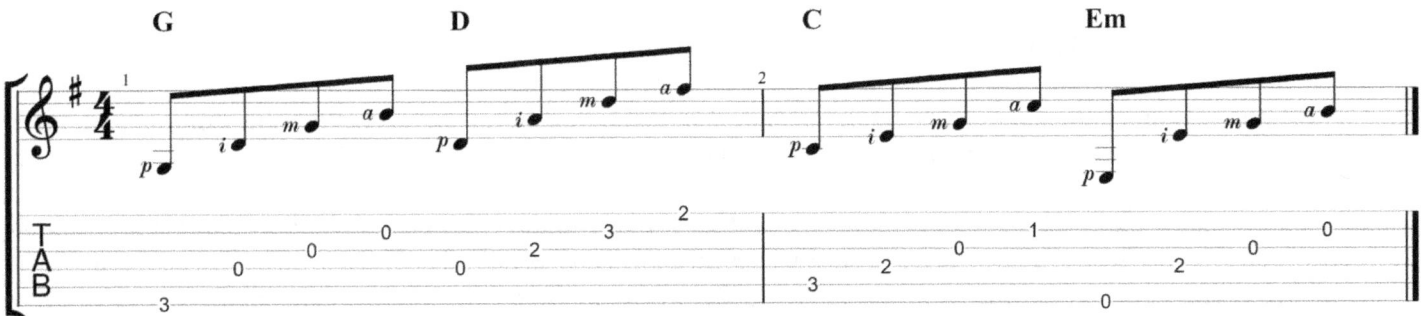

Nas primeiras músicas de blues, country e folk, o polegar frequentemente tocava a alternante linha de baixo. Abaixo temos dois padrões comuns. O primeiro padrão se move entre as cordas Mi (6ª corda) e Ré, enquanto os dedos restantes tocam a melodia ou um acorde.

Veja rapidamente a parte da notação padrão. Você já percebeu como cada um dos dedilhados com o polegar tem uma haste voltada para baixo, enquanto as notas dedilhadas com os outros dedos têm hastes voltadas para cima? Isso torna a notação mais fácil de ser entendida.

Exemplo 3i

No segundo padrão, uma nota na corda Lá é adicionada (a qual é dedilhada com o polegar) e a sequência se move entre as cordas Mi (6ª corda), Ré, Lá e Ré novamente.

Exemplo 3j

Efeitos Especiais com a Palheta

Já que estamos falando de palhetada, agora parece ser uma boa hora, para ensinar-lhe algumas técnicas populares e outras nem tanto, que podem ser executadas com a palheta ou com os dedos.

A primeira é o *rake*. Na sua forma mais simples, o *rake* consiste apenas em uma palhetada mais lenta através de um acorde. Na tablatura, ele é representado por uma fina linha ondulada. O *rake* pode ser ascendente ou descendente. Uma seta indica a direção do *rake*. A ideia é tocar o acorde ligeiramente mais lento do que o normal, para que você possa ouvir cada uma das notas de um acorde específico.

Exemplo 3k

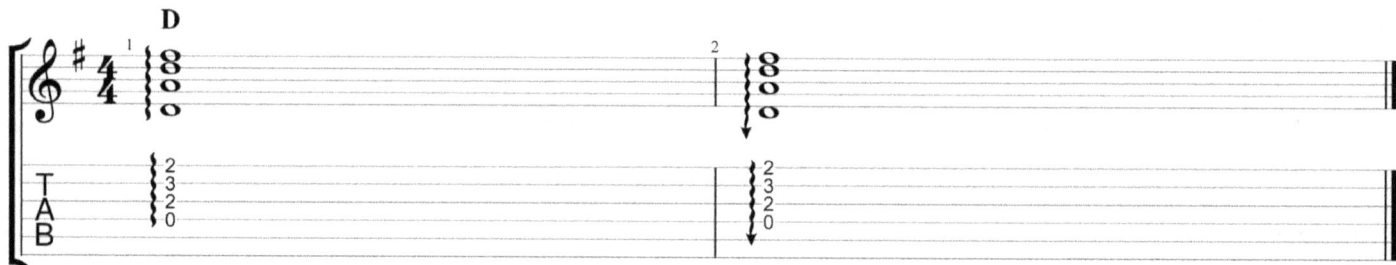

Uma variação do *rake* é o *rake abafado*. Essa é mais uma técnica de guitarra solo, e normalmente a nota final do *rake* soará depois que as notas anteriores do *rake* forem abafadas com a mão direita. Embora isso possa ser feito enquanto se mantém a forma de um acorde, o comum é executar o *rake* como arpejo, com uma nota tocada em cada corda.

Exemplo 3l

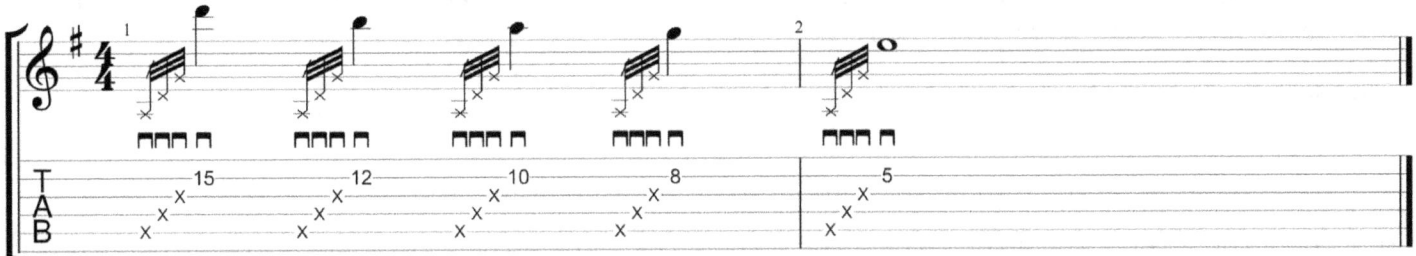

O *sweep picking* é uma técnica parecida com o *rake*, onde notas individuais são tocadas em cordas adjacentes em um movimento suave, de palhetada. No entanto, ao contrário de um acorde com *rake*, as notas não devem soar umas sobre as outras.

Embora não haja notação específica para o *sweep picking*, é possível percebê-lo através da notação de direção de palhetada. Se você ver uma série de notas consistindo de uma nota por corda e com a palhetada apontando em apenas uma direção, provavelmente se trata de um *sweep picking*. O exemplo seguinte mostra um arpejo de A menor tocado com *sweep picking*, tanto ascendente como descendente. Há duas notas na corda Lá, e as direções de palhetada são mostradas abaixo.

Exemplo 3m

O *sweep picking* é uma técnica bastante avançada e é abordada detalhadamente no livro: *Palhetada Sweep – Estratégias e Velocidade.*

O *tremolo picking* é a técnica de tocar rápida e repetidamente a mesma nota múltiplas vezes em um ritmo específico. Em geral, é uma técnica muito rápida e difícil de executar de forma limpa. Na tablatura e notação ela é frequentemente representada por barras diagonais que cruzam a haste de uma nota. Cada linha diagonal corresponde a um "colchete" de menor valor rítmico.

No exemplo seguinte, o compasso um apresenta uma mínima com uma barra, que corresponde ao colchete de uma colcheia, de modo que o *tremolo picking* deve ser executado no tempo das colcheias por duas batidas.

O compasso dois apresenta uma mínima com duas barras, logo o *tremolo picking* deve ser executado no tempo das semicolcheias por duas batidas.

O compasso três apresenta uma semínima com três barras, portanto o *tremolo picking* deve ser executado no tempo das fusas por uma batida.

O compasso quatro apresenta uma semibreve com duas barras, logo o *tremolo picking* deve ser executado no tempo das semicolcheias por quatro batidas.

Exemplo 3n

A dificuldade em executar o *tremolo picking* depende muito do tempo da música. Os *tremolos picking* no tempo das semicolcheias em 80 BPM são bastante simples. Por outro lado, no tempo das fusas em 120 BPM eles se tornam bem rápidos!

Muitas vezes, três barras diagonais cruzando uma nota são simplesmente interpretadas como: *execute o tremolo picking da forma mais rápida possível*!

O *pick slide* ou *slide com a palheta* é mais um efeito percussivo do que uma técnica específica de palhetada e é frequente em muitas bandas de hard rock. A ideia é simplesmente deslizar o lado comprido da palheta para baixo, sobre as cordas, para criar um ruído. Esse efeito funciona muito melhor se você usar a mão esquerda para abafar as cordas e tocar com muita distorção.

Um *slide com a palheta* pode consistir em um movimento longo ou dividido, ao mover de um lado para o outro a borda da palheta ao longo das cordas. De qualquer forma, a tablatura mostrará uma nota abafada, seguida por uma linha ondulada indicando o *slide com a palheta*.

Exemplo 3o

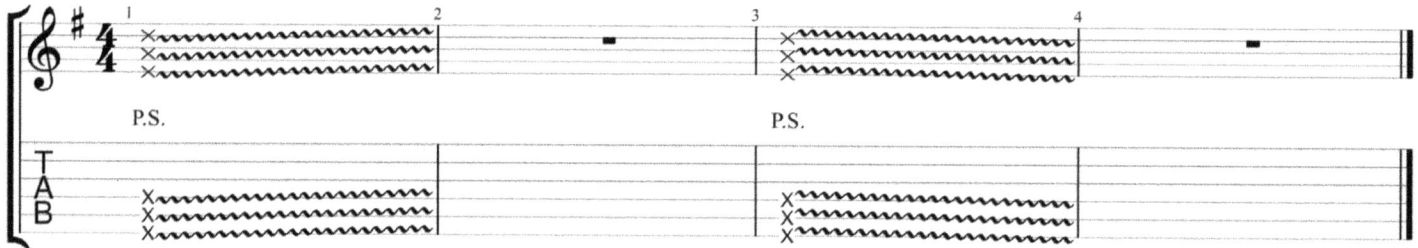

Capítulo Quatro: Slides

Fazer *slides* é uma forma comum de ir de uma nota à outra na guitarra. A ideia é que você palhete uma nota digitada e mantenha a pressão sobre a corda com o dedo, enquanto desliza o dedo para cima (ou para baixo) para a próxima nota.

Existem várias maneiras diferentes de executar *slides*, e todas elas criam efeitos sutilmente diferentes. Os *slides* são representados por uma linha diagonal, mas há várias maneiras de distinguir as diferentes técnicas de *slide*.

O *slide* mais fácil de tocar é o *slide legato*.

Para fazer um *slide legato*, palhete a primeira nota e faça um *slide* para a segunda nota, *sem* palhetar a corda novamente. A notação do *slide legato* é uma linha diagonal (ascendente ou descendente) com uma *ligadura* acima da referida linha.

Para executar um *slide legato*, palhete a primeira nota e depois faça um *slide* ascendente para a segunda nota, sem palhetar a corda novamente. A primeira nota deve ser mantida por toda a sua duração rítmica, o que cria a sensação de estarmos tocando duas notas da mesma forma.

Exemplo 4a

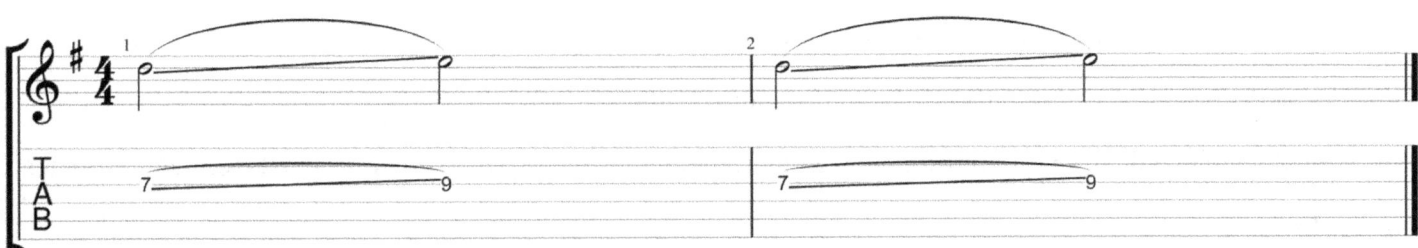

Os *slides legatos* também podem ser reproduzidos de modo descendente.

Exemplo 4b

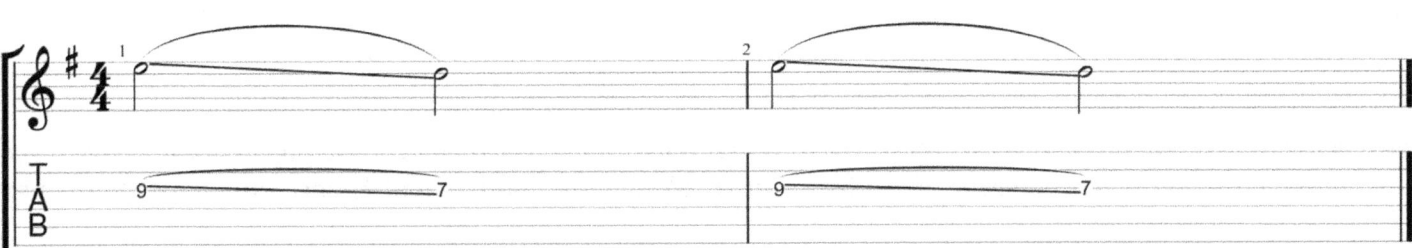

Além da primeira nota, é possível palhetar a segunda nota do *slide*. A notação da tablatura para esse tipo de *slide* consiste simplesmente em uma linha diagonal entre as duas notas, sem a ligadura, presente no exemplo anterior.

No exemplo a seguir, palhete a nota da 7ª casa, mantenha a nota por duas batidas e faça um *slide* até a 9ª casa. Quando você chegar à 9ª casa, palhete a corda novamente, para fazer soar a segunda nota. No exemplo abaixo, há um *slide* ascendente e outro descendente.

Exemplo 4c

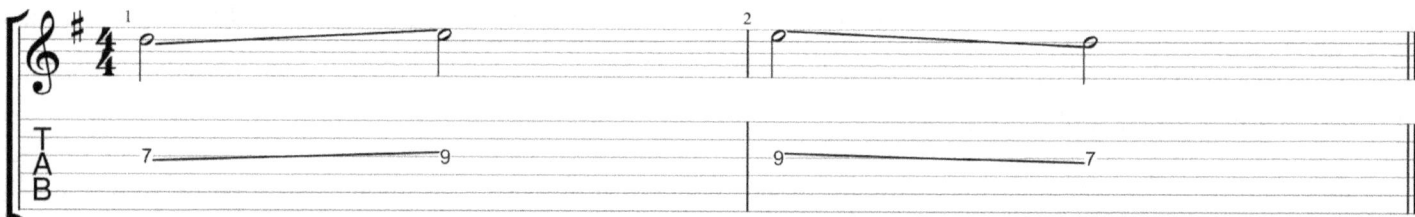

Guitarristas solo frequentemente encontram formas de ornamentar as suas notas. Uma técnica comum é executar rapidamente um *slide* até uma nota alvo qualquer, a partir de um ponto não especificado na tablatura. Isso é chamado de *slide com nota ornamental*. A distância do *slide* pode ser longa ou curta — o importante é atingir a nota alvo no tempo correto.

Na tablatura, representamos um *slide* com uma linha diagonal curta, posicionada antes da nota alvo.

Um *slide* ascendente é representado por uma barra: /

Um *slide* descendente é representado por uma barra invertida: \

A distância que você deve iniciar um *slide* é frequentemente uma questão de gosto pessoal e contexto musical.

Exemplo 4d

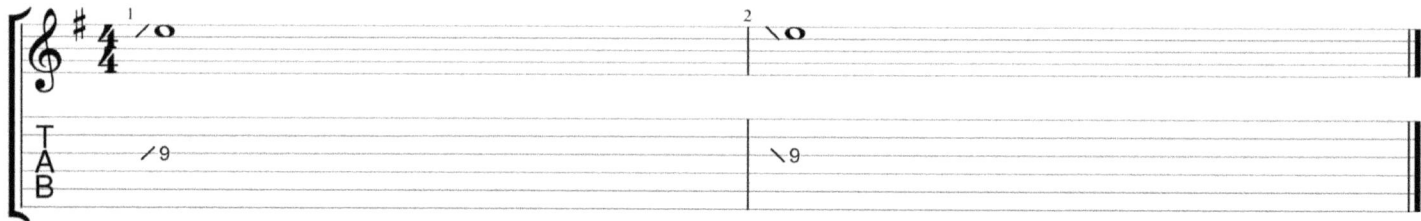

Se você executar um *slide* lentamente, por todo o braço da guitarra, e manter a pressão sobre a corda, você poderá ouvir cada nota de cada casa. Este efeito é chamado de *glissando*, o qual é representado por uma linha entre duas notas específicas.

Exemplo 4e

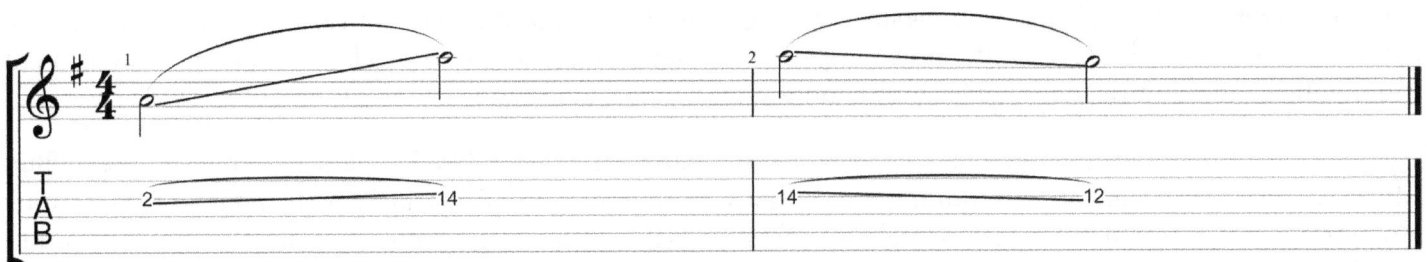

Capítulo Cinco: Legato (Hammer-ons, Pull-offs e Tappings)

Legato significa literalmente "tocar de forma suave e fluida" e no contexto da guitarra esse é um conceito que engloba *hammer-ons*, *pull-offs* e até mesmo *tappings* com a mão direita. Quando tocamos uma corda com a palheta criamos um "ataque" agudo, no começo de uma nota. O legato, por outro lado, é qualquer técnica em que a palheta *não* é utilizada, para fazer uma nota soar.

Quando tocamos guitarra, as técnicas de legato são frequentemente utilizadas para tocarmos rapidamente. Muitos guitarristas acham que o maior fator limitando a sua velocidade e fluência é a palhetada. Se removermos a maioria das notas palhetadas, é possível tocar frases longas e suaves na guitarra em uma velocidade muito alta. Inclusive, Joe Satriani é um grande fã do legato.

Vamos examinar as duas principais técnicas que criam o legato na guitarra: *hammer-ons* e *pull-offs*.

Hammer-ons

Um *hammer-on* é realizado quando, após tocarmos uma nota, "martelamos" a corda da nota tocada, com um dedo, em uma tonalidade mais aguda. O *hammer-on* é representado por uma pequena linha curva, conhecida como *ligadura*, a qual se situa entre as duas notas envolvidas no movimento. Às vezes, você verá a notação "H/O", escrita acima de uma tablatura (mas nem sempre), portanto é importante que você preste atenção aos símbolos da tablatura.

Para executar o *hammer-on* a seguir, use o dedo 1 para tocar a nota da 7ª casa, na corda Sol. Palhete a nota normalmente e faça um *hammer-on* com o dedo *3* na 9ª casa, *sem palhetar* a corda novamente. O segredo é fazer o *hammer-on* com a ponta do seu dedo, em vez da polpa do mesmo. Deixe a segunda nota soar livremente.

Exemplo 5a

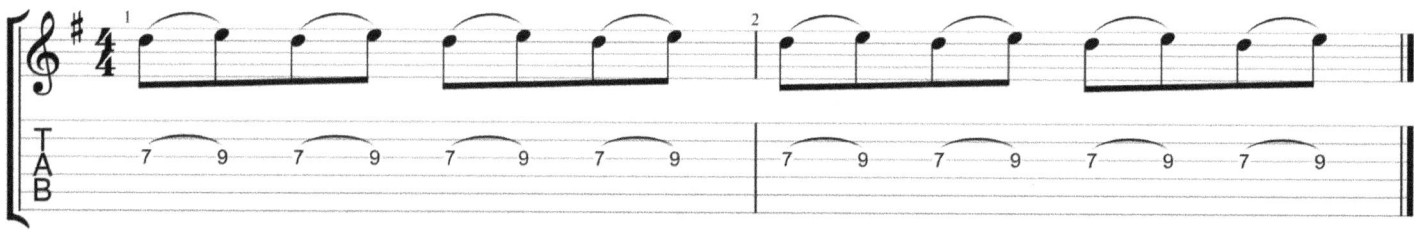

Cada sequência a seguir combina uma nota palhetada com dois *hammer-ons*. Palhete apenas a primeira nota de cada sequência e faça um *hammer-on* na 5ª e 7ª casa, com os dedos 2 e 4, respectivamente.

Exemplo 5b

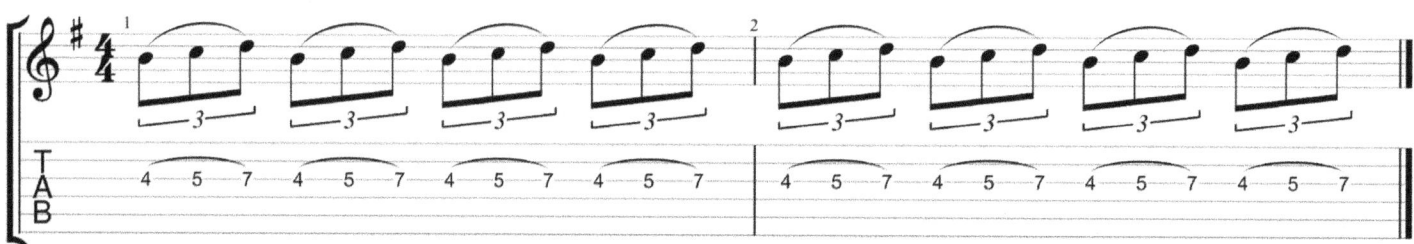

Você também pode executar *hammer-ons* a partir de uma corda solta.

Exemplo 5c

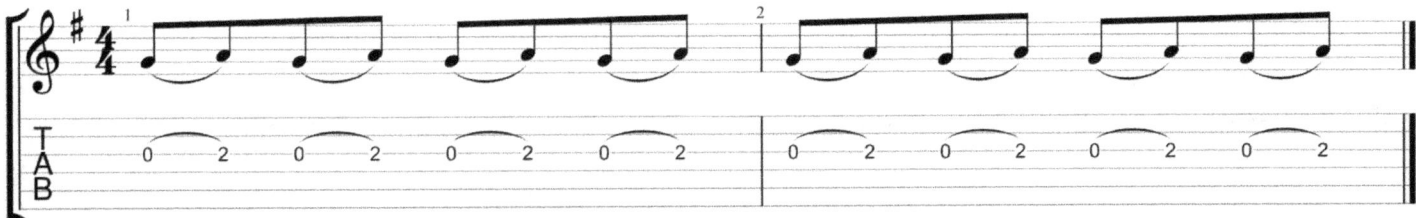

Pull-offs

Provavelmente isso não seja surpresa para você, mas o *pull-off* é exatamente o oposto do *hammer-on*. No primeiro, você palheta uma nota e, em seguida, puxa um dos seus dedos da mão esquerda para fora, para fazer soar uma nota de tonalidade mais grave.

O *pull-off* também é representado por uma ligadura sobre um grupo de notas, que é idêntica à do *hammer-on*. Por vezes, você verá as iniciais "P/O" sobre um grupo de notas, mas, se elas não estiverem presentes, você terá de olhar para as notas, para descobrir se elas exigem um *hammer-on* ou um *pull-off*.

Se a tonalidade de uma nota se tornar mais aguda, faça um *hammer-on*.

Se a tonalidade de uma nota se tornar mais grave, faça um *pull-off*.

No exemplo a seguir, posicione o seu dedo 3 na 9ª casa da corda Sol e coloque *também* o dedo 1 na 7ª casa da mesma corda.

Palhete a nota da 9ª casa e puxe o dedo 3 para fora (para baixo, em direção ao chão) para fazer soar a nota da 7ª casa, sem palhetar a corda novamente.

O dedo 3 da mão esquerda deve funcionar como uma "minipalheta", e você precisa tomar cuidado, para não tocar acidentalmente a corda Si, quando for mover o dedo para baixo.

Permita que a nota da 7ª casa soe de forma limpa.

Exemplo 5d

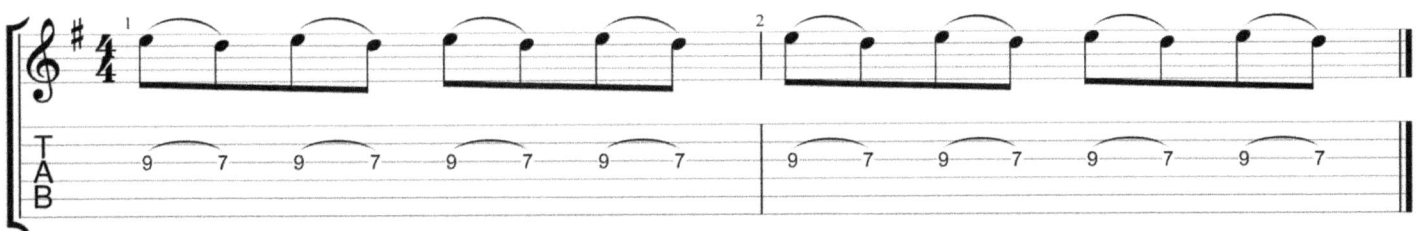

Hammer-ons e *pull-offs* podem ter qualquer comprimento. No exemplo seguinte, utilize o dedo 4 para tocar a nota mais aguda e em seguida faça um *pull-off*, para tocar a nota mais grave.

Exemplo 5e

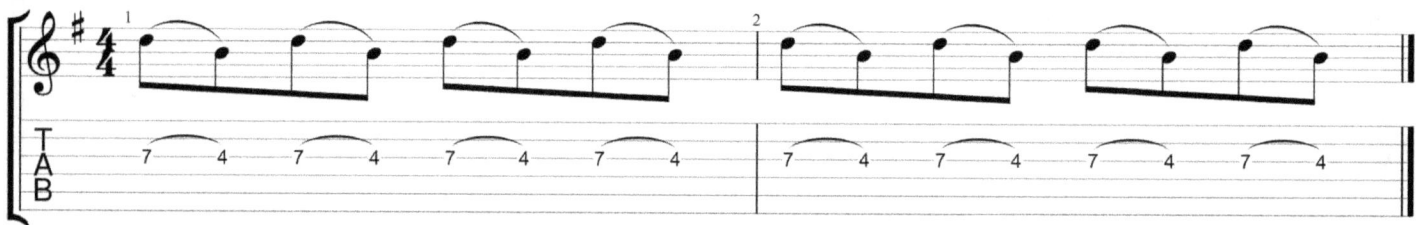

Também é possível fazer um *pull-off* em uma corda solta. Stevie Ray Vaughan usou muito essa técnica no seu blues mais acelerado.

Exemplo 5f

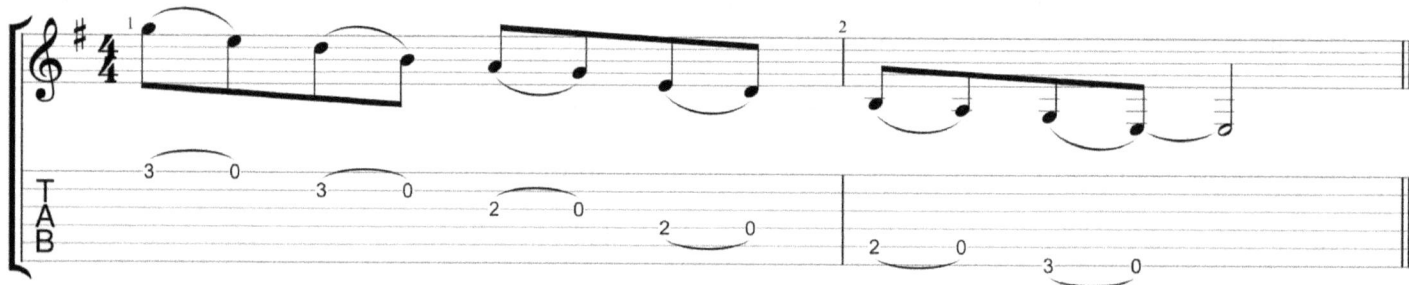

Hammer-ons e *pull-offs* são frequentemente combinados em longas sequências, e a única vez que, nesse caso, você palheta uma corda é na primeira nota de uma sequência de notas ou quando ocorrer uma mudança de cordas. Todas as outras notas são tocadas com as técnicas de legato.

No exemplo a seguir, compus uma frase um pouco mais longa que combina *hammer-ons*, *pull-offs* e ocasionais notas palhetadas, as quais contém a notação de direção de palhetada, estudadas no capítulo anterior.

Lembre-se, as notas ascendentes são tocadas com *hammer-ons* e as descendentes com *pull-offs*.

Exemplo 5g

Uma combinação final de *hammer-ons* e *pull-offs* que você provavelmente encontrará em notações de música moderna é o trinado. Um trinado consiste em um rápido *hammer-on* e *pull-off* executados entre duas notas específicas.

Os trinados são representados pelas iniciais "tr", acima da nota na qual a técnica será utilizada, e apresentam a nota de origem do trinado e de destino (essa última entre parênteses). No exemplo a seguir, no final do primeiro compasso, palhete a corda Sol solta, depois faça um trinado para a 2ª casa.

Exemplo 5h

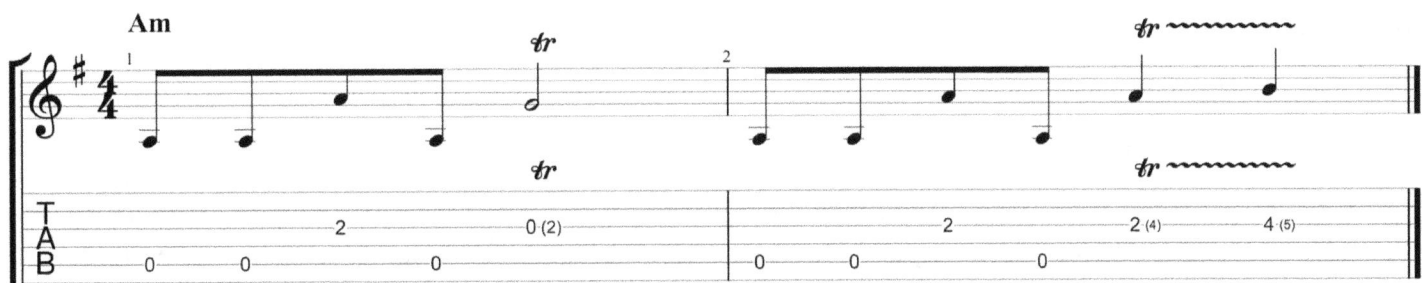

Tappings com a Mão Direita

O primeiro registro gravado da execução de tapping no violão é de 1965, do violonista italiano Vittorio Camardese, mas essa técnica foi popularizada por Eddie Van Halen, Stanley Jordan e Steve Hackett nos anos 70 e 80.

O *tapping* é uma técnica de legato bastante avançada, onde um dedo da mão direita dá "tapas" em uma nota diretamente no braço da guitarra. A palavra "tapa" é um pouco confusa na minha opinião — pois o movimento executado se parece mais com um *hammer-on* ou *pull-off*, feito com a mão direita.

Quando combinado com *hammer-ons* e *pull-offs*, feitos com a mão esquerda, o tapping permite que os guitarristas em geral toquem de forma extremamente rápida, sem a necessidade de uma palheta.

Para executar o tapping a seguir, comece pressionando a corda Si, na 5ª casa, e palhete a corda normalmente. Em seguida, use o dedo **M** da mão direita para executar firmemente um tapping na 12ª casa da mesma corda, então "puxe" levemente a corda para baixo, com o mesmo dedo, para fazer um *pull-off*. Após você executar o *pull-off*, a partir da 12ª casa, a nota digitada na 5ª casa deve soar, como se você a tivesse palhetado.

Continue mantendo o dedo pressionado na 5ª casa e faça tappings repetidamente (*hammer-ons*) e então faça um *pull-off*, a partir da nota da 12ª casa, com o dedo **M**.

Na notação, o tapping é representado simplesmente pela letra "T", acima da nota do tapping.

Exemplo 5i

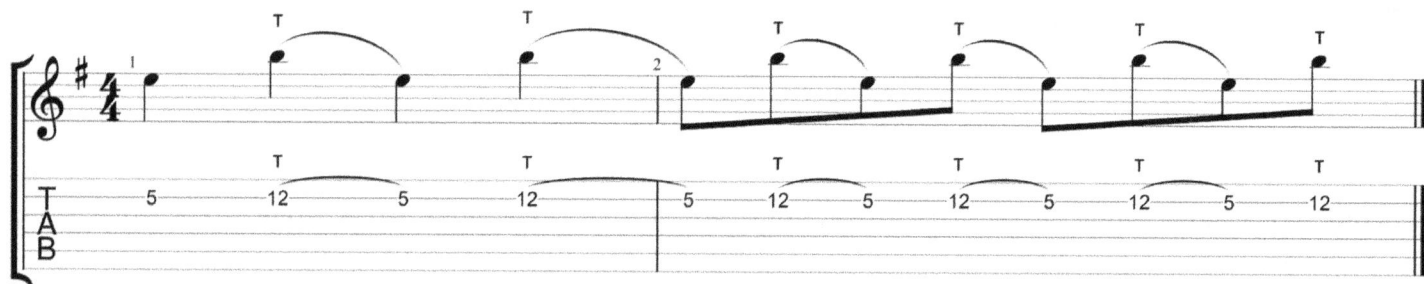

O próximo exemplo combina *hammer-ons* e *pull-offs*, feito com a mão esquerda, com uma nota executada com tapping, feito pela mão direita. Palhete apenas a primeira nota da sequência. Após a palhetada inicial, você deve ser capaz de manter as notas soando, com a utilização dos *hammer-ons* e *pull-offs*. Preste atenção aos símbolos indicando o legato na tablatura.

Exemplo 5j

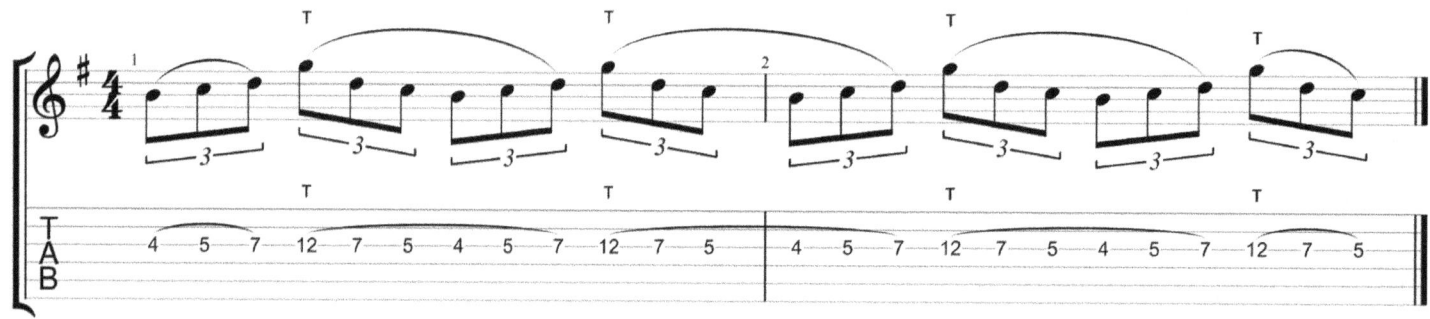

O próximo exemplo começa com um tapping e é baseado no exemplo anterior.

38

Exemplo 5k

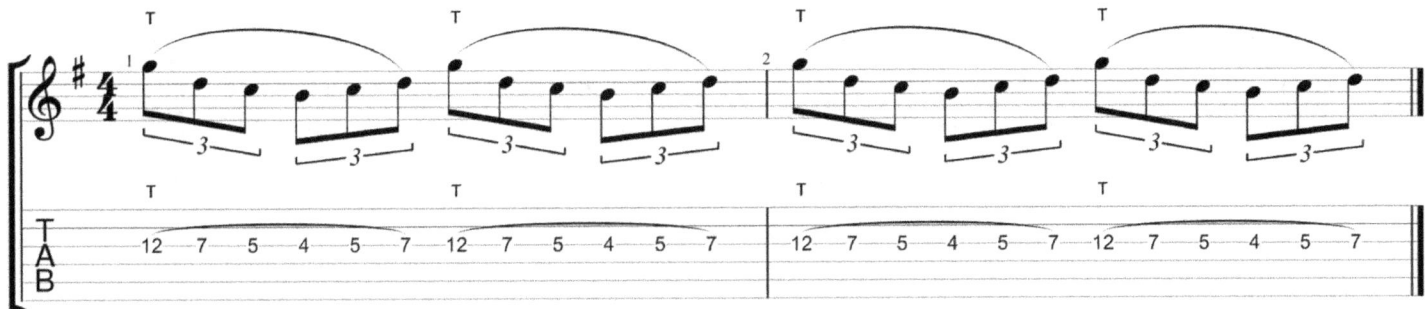

Quando você for executar o tapping, muitas vezes é possível omitir completamente a palheta, ao utilizar o *hammer-on from nowhere*. Essa técnica consiste simplesmente na execução de um *hammer-on* na primeira nota de uma frase, e é como se você fizesse um tapping com a mão esquerda. Para executá-lo você deverá desenvolver um pouco de força na mão esquerda, mas essa é uma técnica que vale a pena ser aprendida.

O símbolo do *hammer-on from nowhere* é muito similar ao do *hammer-on* comum, uma vez que aquele apenas não contém a nota de partida. Essa é uma técnica complicada, por isso não se preocupe, se você não aprendê-la imediatamente.

No exemplo seguinte, faça um tapping firme na 4ª casa, com o dedo 1 da mão esquerda, e toque a sequência de notas, adicionando um tapping na 12ª casa com o dedo **M** da mão direita.

Exemplo 5l

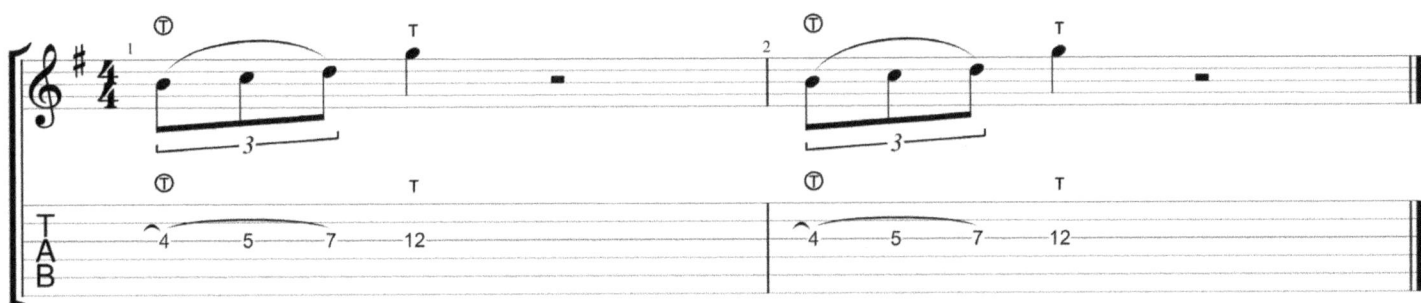

Finalmente, outra técnica de tapping que você pode encontrar é o *tapping com slide*. Nessa técnica, um dedo da mão direita faz o tapping em uma nota e, em seguida, executa um *slide* ascendente ou descendente, a partir da nota do tapping, antes de liberar tal nota. A notação do *tapping com slide* é como seria de se esperar: a letra "T" sobre as notas do tapping junto do símbolo do *slide*, representando o movimento das notas.

No exemplo a seguir, digite e palhete normalmente a primeira nota de cada sequência, então faça um *hammer-on* na 7ª casa e mantenha o dedo pressionado. Depois, faça um *hammer-on* na 12ª casa com o dedo **M** da mão direita. Mantenha a pressão ao executar o tapping e faça um *slide* ascendente até a 14ª casa e outro descendente até a 12ª casa. A nota do tapping deve mudar de tonalidade suavemente e soar livremente durante todo o movimento. Quando a nota do tapping retornar à 12ª casa, faça um *pull-off* com o dedo **M** da mão direita, para fazer soar a nota da 7ª casa novamente. Em seguida faça um *pull-off* da 7ª para a 5ª casa.

Exemplo 5m

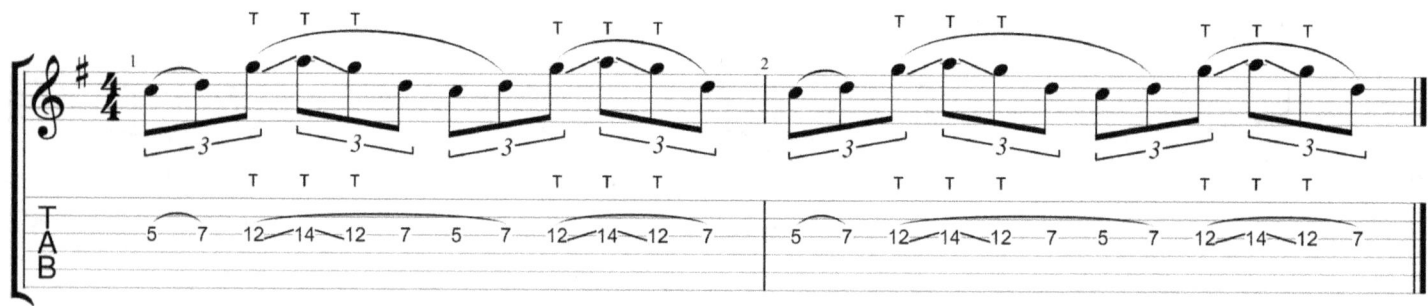

O tapping é uma técnica incrível, e frequentemente os guitarristas utilizam o tempo gasto na sua execução para mudar a posição da mão esquerda, criando, dessa forma, licks bem longos.

A Fundamental Changes publicará em breve um livro dedicado ao tapping, portanto fique atento!

Capítulo Seis: Articulação e Dinâmica

Muitas vezes, as músicas exigem que você *articule* notas individuais de maneiras específicas. Às vezes, uma passagem completa ou frase deve ser tocada mais alto, mais suave ou gradualmente se movendo de um volume para outro.

A *dinâmica* é o termo que abarca todas essas técnicas, e neste capítulo irei lhe mostrar o que você pode encontrar em uma tablatura, quando o assunto é articulação e dinâmica.

Articulação

No rock, funk, pop ou metal, a articulação mais comum que você verá é o abafamento de cordas ou *palm muting*. Ele é executado quando apoiamos ligeiramente o calcanhar da mão sobre as cordas, próximo à ponte da guitarra. A maior parte da sua mão deve estar em contato com a ponte, e uma pequena parte dela deve encostar-se às cordas. Quanto mais da sua mão encostar-se às cordas, maior será o abafamento.

Uma passagem com o abafamento de cordas é representada na tablatura pelas letras "P.M.", acima ou abaixo das notas, e pequenos pontos ou traços marcam a passagem onde o abafamento será executado.

Abaixo, temos a notação do abafamento de cordas. No primeiro compasso, deixe que as notas das duas primeiras batidas soem livremente e faça o abafamento nas notas das duas batidas seguintes. No segundo compasso, deixe que a melodia soe por duas batidas e faça o abafamento nas duas batidas seguintes.

Exemplo 6a

O oposto do abafamento pode ser considerado a indicação "*let ring*" ("deixe soar", em tradução livre). Como o nome sugere, quando uma passagem está sinalizada com o "*let ring*", todas as notas devem ser soar livremente, umas sobre as outras.

O exemplo a seguir começa apresentando uma frase simples reproduzida sem a indicação "*let ring*" e, depois, apresenta a mesma frase, porém notada com a referida indicação.

Exemplo 6b

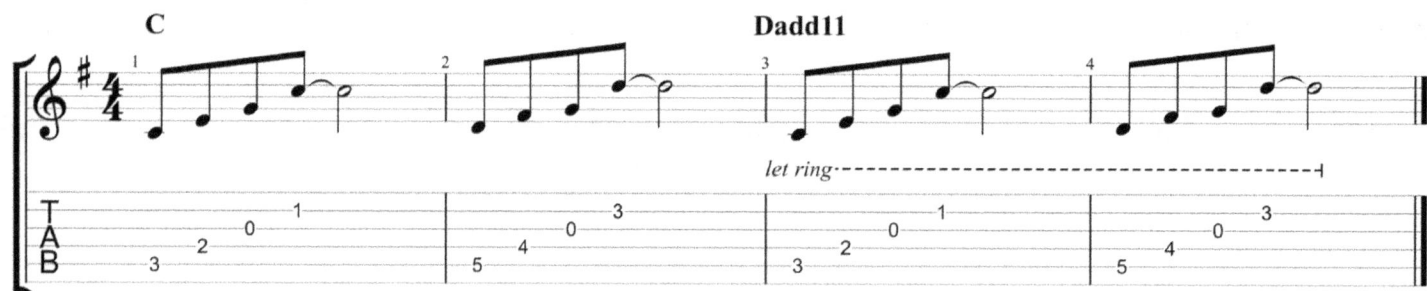

Outra articulação importante é chamada de *acentuação* e é representada pelo símbolo ">", colocado sob uma nota. Este símbolo lhe diz simplesmente para tocar uma nota de forma um pouco mais alta do que as outras notas. No exemplo seguinte, a terceira nota de cada compasso é acentuada.

Exemplo 6c

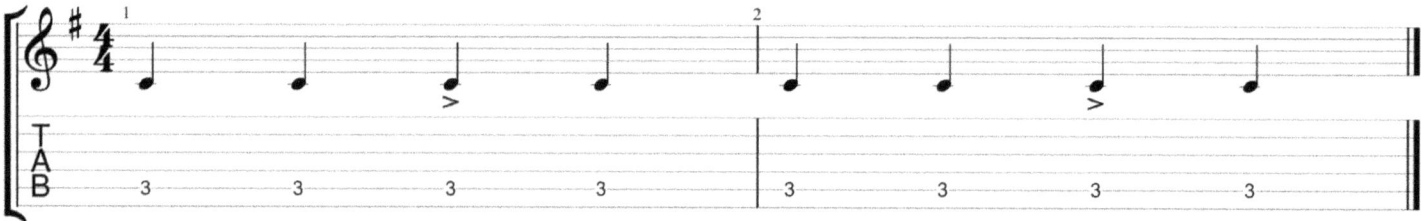

Tenha cuidado ao executar uma nota acentuada. É fácil acidentalmente tornar tal nota um pouco mais curta do que as outras à sua volta, à medida que se vai dando palhetadas. Apesar de tal nota dever soar mais alta do que as outras, a sua duração ainda deve ser respeitada.

No entanto, se você quiser fazer com que uma nota soe curta e destacada, a técnica que você está procurando é o *staccato*. Staccato é uma palavra italiana que significa "nitidamente destacado e separado dos outros" e é representada, na música, por um único ponto diretamente sobre ou sob uma nota qualquer.

Para tocar uma nota em staccato, você pode tocá-la primeiro normalmente e, depois, reduzir rapidamente a pressão sobre a corda, com o dedo em questão da mão esquerda, ou abafar a corda rapidamente com a mão direita, após tê-la palhetado.

No exemplo seguinte, a terceira nota de cada compasso é tocada em staccato. É difícil não adicionar um pouco de acento à nota, quando você está tocando em staccato, portanto tente evitar fazer isso.

Exemplo 6d

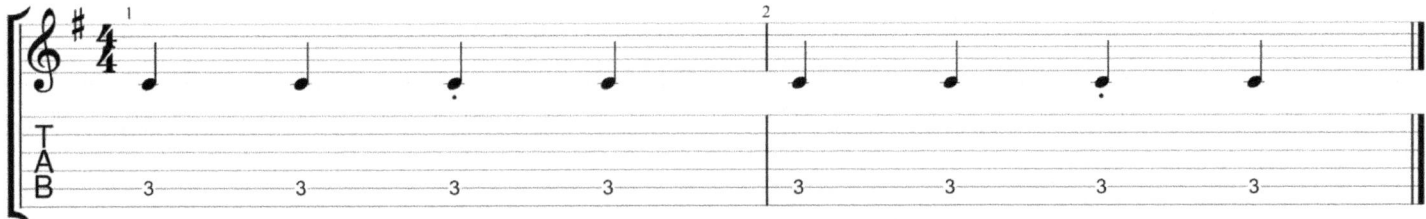

Uma articulação que você raramente verá na tablatura é o *marcato*, que é essencialmente uma nota em staccato acentuada. O marcato é representado por um "**v**" acima de uma nota qualquer.

No exemplo seguinte, a terceira nota de cada compasso é tocada em marcato. Toque-a de forma curta, destacada e acentuada.

Exemplo 6e

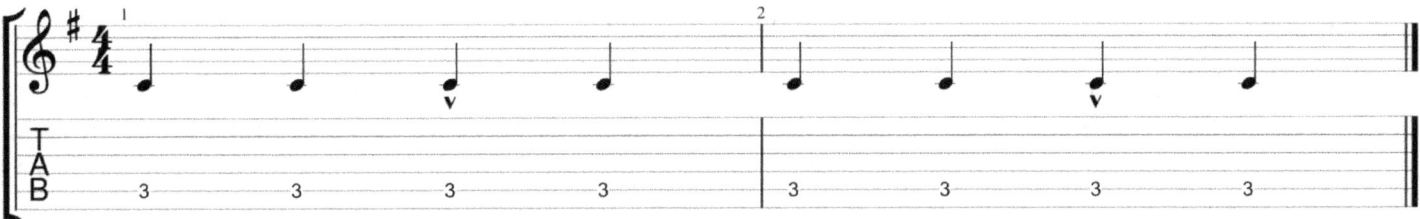

Uma última articulação a ser estudada é a "*fermata*". Ela afeta o tempo de uma frase e indica que você deve manter uma nota, antes de continuar tocando. No contexto dos solos, a duração de uma nota fica ao critério do guitarrista. Em uma banda, você precisará seguir o músico que estiver liderando a banda.

O exemplo abaixo apresenta quatro compassos de uma música, com uma *fermata* no final do segundo compasso. Ela foi colocada nesse lugar para fazer com haja um momento de alívio na música.

Exemplo 6f

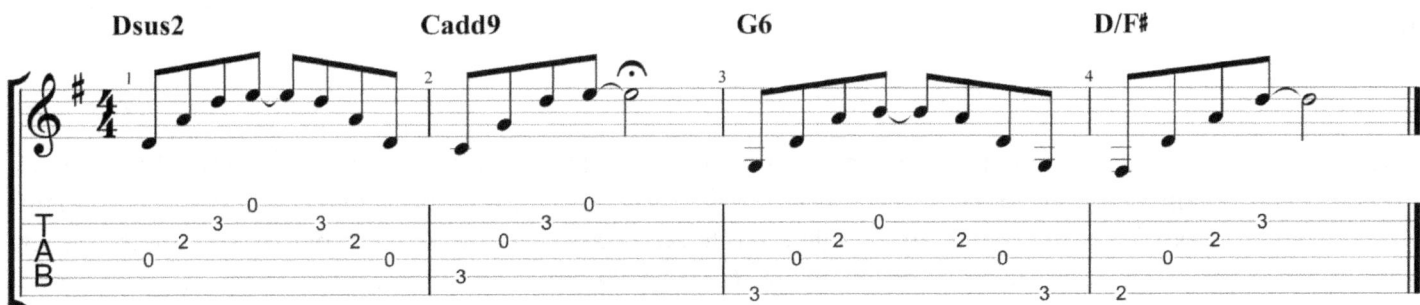

Dinâmica

Enquanto as articulações são técnicas aplicadas a notas únicas, *as dinâmicas* geralmente se referem a mudanças de volume que afetam frases musicais inteiras.

Como acontece com muitas coisas na música, as palavras e notações que descrevem as palavras "alto" e "baixo" vêm da língua italiana. Na música, a palavra *piano* (pronunciada "pi-a-no") significa *baixo*, e *forte* (pronunciada "for-te") significa *alto*.

A palavra "piano" é abreviada com a letra "p", e "forte" é abreviado com a letra "f".

Quanto mais "P's" houver em uma notação, mais baixo você deve tocar, e quanto mais "F's" houver, mais alto você deve tocar.

Desse modo, a letra "*p*" significa tocar suavemente, a indicação "*pp*" significa tocar muito suavemente e a indicação "*ppp*" significa tocar de modo quase inaudível. Aliás, "*pp*" significa *pianissimo* (palavra italiana) que por sua vez significa "tocar muito baixo!".

Por outro lado, "*f*" significa tocar alto, "*ff*" significa tocar muito alto, e "*fff*" significa... ficar louco! (*ff* significa *fortissimo*, que em italiano significa "tocar muito alto").

Além disso, vale a pena mencionar que se você encontrar a indicação "*fff*" em uma notação, isso não significa que você deve ligar o seu amplificador, mas sim tocar mais alto e com mais intensidade!

Há outro termo italiano que você precisa conhecer: *mezzo*. Ele significa *médio* ou *meio*. Muitas vezes você verá dinâmicas como *mp* (tocar com suavidade moderada) e *mf* (tocar com intensidade moderada). Particularmente, eu diria que a maioria das músicas, sem notação alguma de dinâmica, são normalmente tocadas em *mf* (mezzo forte).

No exemplo abaixo, o primeiro compasso é reproduzido *p*, o segundo compasso é reproduzido *mf*, o terceiro compasso é reproduzido *f* e o compasso final é reproduzido *fff*.

Exemplo 6g

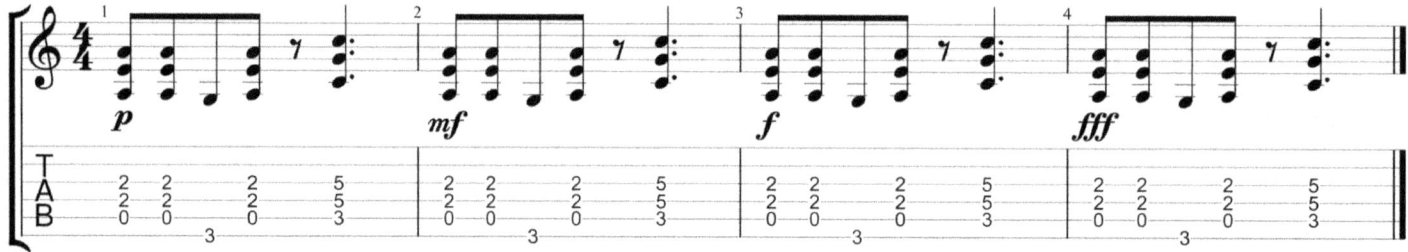

A dinâmica nem sempre muda constantemente de uma para a outra, como no exemplo anterior. Muitas vezes, ela alterna gradualmente entre dois volumes diferentes. Por exemplo, uma passagem pode partir lentamente de um volume baixo para um volume alto, ou de um alto para um baixo, durante um período de quatro ou oito compassos. Para mostrar isso usamos os sinais "<" (*crescendo* = ficar mais alto) e ">" (*diminuendo* = ficar mais baixo).

Normalmente, só serão notados o volume inicial e o final. Por exemplo, *ppp* < *fff* significa começar tocando muito silenciosamente e depois aumentar o volume, para ficar mais alto. Às vezes, isso acontecerá durante um período de apenas algumas batidas, o que significa uma mudança muito dramática.

No exemplo seguinte, passamos do *pp* para o *ff*, em um período de quatro compassos. Observe como o sinal do *crescendo* se estica entre as marcações de volume.

Exemplo 6h

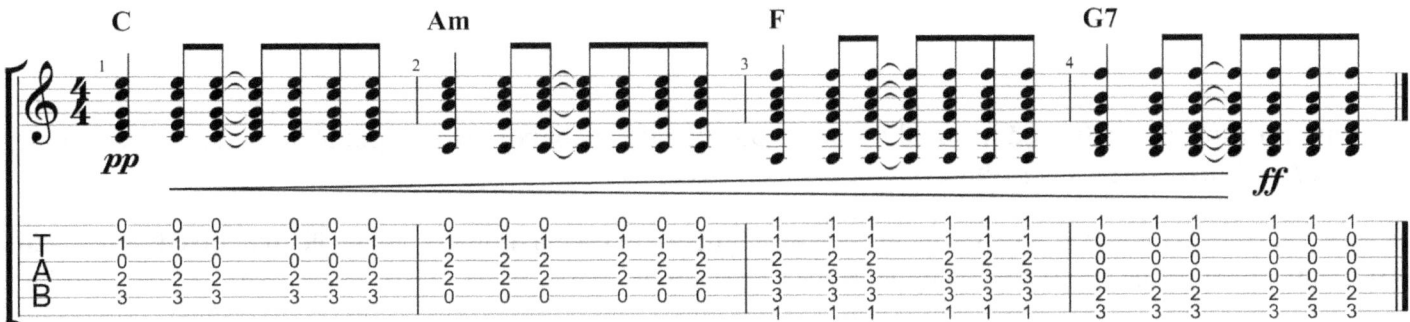

E aqui está o mesmo exemplo, porém com diminuendo, partindo de *ff* a *pp*.

Exemplo 6i

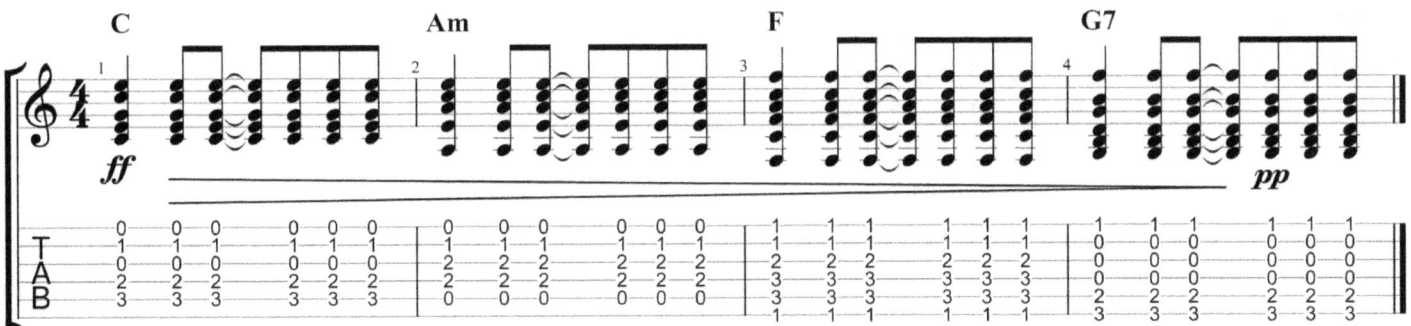

Na guitarra, você também pode encontrar notações com pequenas mudanças de volume, localizadas em notas únicas. Elas são identificadas por pequenas setas em cada nota e são executadas tocando a nota em questão com o volume desligado e, em seguida, ligado. Esse efeito remove o ataque de uma determinada nota e cria um som de violino.

Exemplo 6j

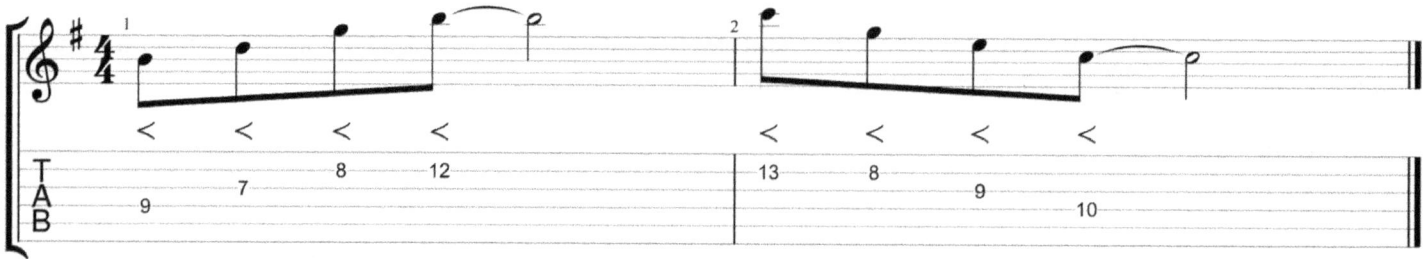

Há muita informação nesta seção, a qual é sumarizada na tabela abaixo, mas os pontos cruciais delas são: *p* = silêncio, *f* = alto, < = ficar mais alto e > = ficar mais baixo.

A dinâmica e a articulação são frequentemente negligenciadas na música, mas são um dos fatores mais importantes para tornar a sua música expressiva e emocional.

pp (pianissimo)	Muito silencioso
p (piano)	Silencioso
mp (mezzo piano)	Bastante silencioso
mf (mezzo forte)	Bastante alto
f (forte)	Alto
ff (fortissimo)	Muito alto
< (crescendo)	Ficar mais alto
> (Diminuindo)	Ficar mais suave

Capítulo Sete: Harmônicos

Esse assunto está um pouco fora do tema geral deste livro, porém o funcionamento dos harmônicos é bastante interessante de estudar. Os harmônicos se baseiam na criação de um *"nodo"* em uma corda específica, para que ela vibre em duas seções separadas.

O harmônico mais simples de tocar é o *harmônico natural*. Para criá-lo, pressione uma corda, da notação abaixo, *suavemente* sobre a 12ª *casa* (não a pressione totalmente sobre o traste) e palhete a corda. Ao palhetar a corda, levante o dedo suavemente da referida corda. O meio da corda está precisamente na 12ª casa, e, se você tiver executado corretamente o movimento, o ponto onde você tocou a corda estará completamente imóvel, enquanto as duas partes da corda, divididas pelo *nodo*, soarão da mesma forma.

A nota tocada será uma oitava mais aguda do que a nota da corda solta em questão.

Para representar um harmônico natural, rodeamos a nota digitada com os símbolos "< >", e, na parte da notação padrão, a cabeça da nota do harmônico terá o formato de diamante.

Exemplo 7a

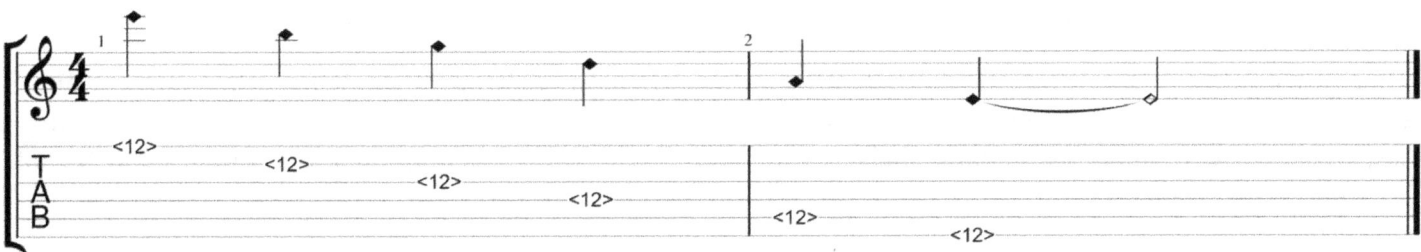

Os harmônicos naturais podem ser criados em qualquer lugar no braço da guitarra, onde você possa dividir a corda em uma proporção uniforme — por exemplo, na proporção 2:1 (acima), 3:1 ou 4:1.

Isso significa que você pode tocar harmônicos naturais nas casas 12, 7, 5, 4 e até mesmo na 3 e 2. À medida que você for descendo no braço do violão, os harmônicos ficam mais difíceis de tocar, pois você precisa ser mais preciso. Se você estiver com dificuldades, adicionar um pouco de distorção pode ajudar.

Exemplo 7b

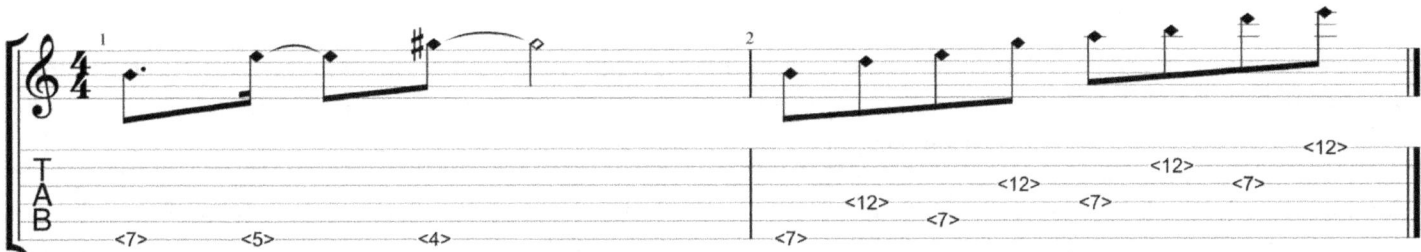

Os *harmônicos artificiais* (*pinch harmônicos*) funcionam com base em um princípio semelhante ao dos harmônicos naturais, mas neste caso uma nota específica é tocada pela mão direita, enquanto a mão esquerda faz a digitação.

Essa técnica é um pouco difícil de descrever em palavras. Como regra, você precisa tocar uma corda com a palheta e, em seguida, tocar imediatamente no nodo (local na corda onde os harmônicos podem ser executados), na mesma corda, com a borda do seu polegar. Essa técnica é feita em um único movimento. Use um pouco de distorção e adicione um pouco de vibrato à nota em questão, para permitir que o harmônico artificial soe claramente.

Tal como acontece com os harmônicos naturais, a localização dos nodos é baseada na proporção das cordas da guitarra, porém, como você pode criar um harmônico em qualquer nota digitada, a localização dos nodos muda constantemente.

Para executá-los, pressione a corda Sol, no 7º traste, e posicione a sua mão direita ao redor da área do captador central da guitarra (em uma guitarra modelo Stratocaster). Palhete a corda Sol para baixo, com um pouco de força, tocando, em seguida, na corda com a lateral do seu polegar direito.

Se o harmônico artificial não soar, é porque você não está no nodo. Mova um pouco a sua mão direita em qualquer direção, até que você encontre o lugar onde o harmônico artificial soará. Não se esqueça de adicionar um pouco de vibrato e distorção, no seu amplificador.

Quando você encontrar o lugar correto, você ouvirá o som do harmônico artificial, o qual estará em uma oitava acima da nota digitada. A notação do harmônico artificial é parecida com a do harmônico natural, no entanto, no harmônico artificial, você verá as iniciais "P.H." ou "A.H." acima de uma nota, e a nota a ser palhetada estará entre este símbolo: "◇".

Exemplo 7c

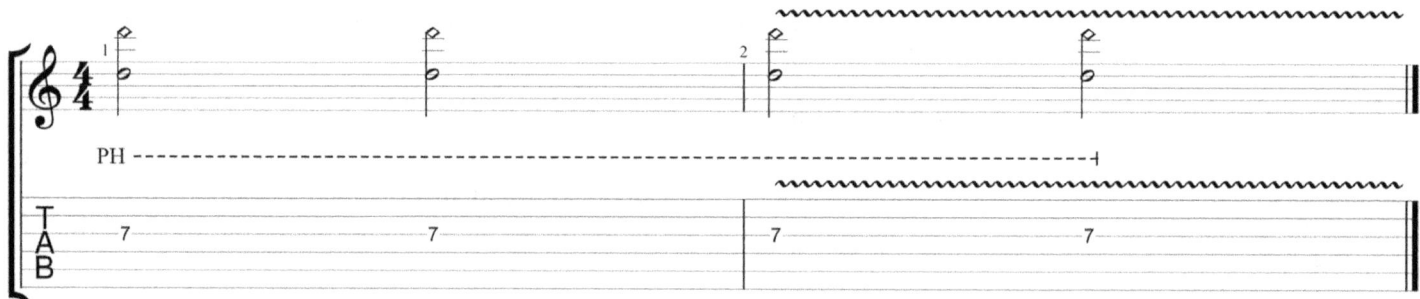

Às vezes, você verá um harmônico representado por um triângulo ou um diamante, e o tom exato do harmônico notado abaixo. Localizar o tom exato do harmônico é, muitas vezes, uma questão de tentativa e erro, e é possível localizá-lo tocando em várias partes de uma corda específica.

Quando você tiver aprendido a técnica acima, tente palhetar uma corda em vários locais. À medida que você for se movendo, da ponte até o braço da guitarra, você encontrará diferentes tons de harmônicos, tal como você os encontrou nos harmônicos naturais.

Exemplo 7d

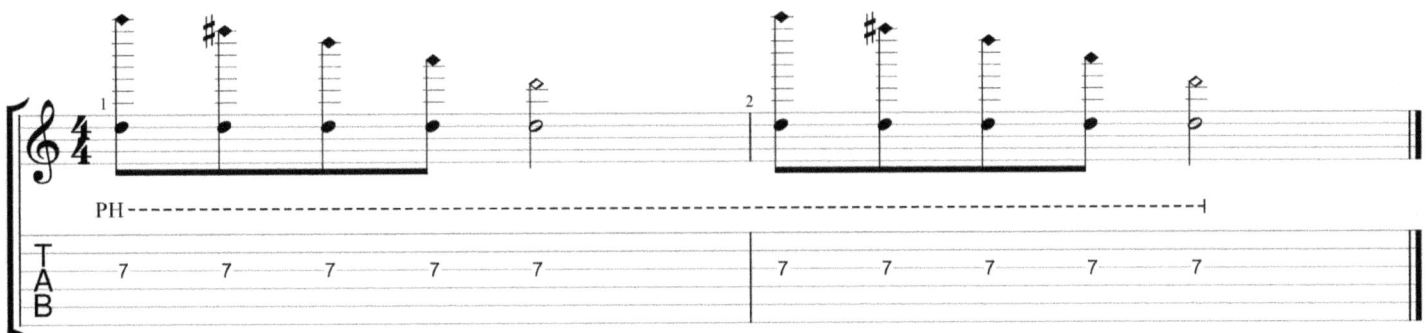

Os harmônicos artificiais são usados frequentemente em solos de rock na guitarra e são, muitas vezes, feitos indiscriminadamente. Eles são uma ótima maneira de introduzir rapidamente uma nota bem aguda em um solo. Confira o pequeno exemplo de solo a seguir.

Exemplo 7e

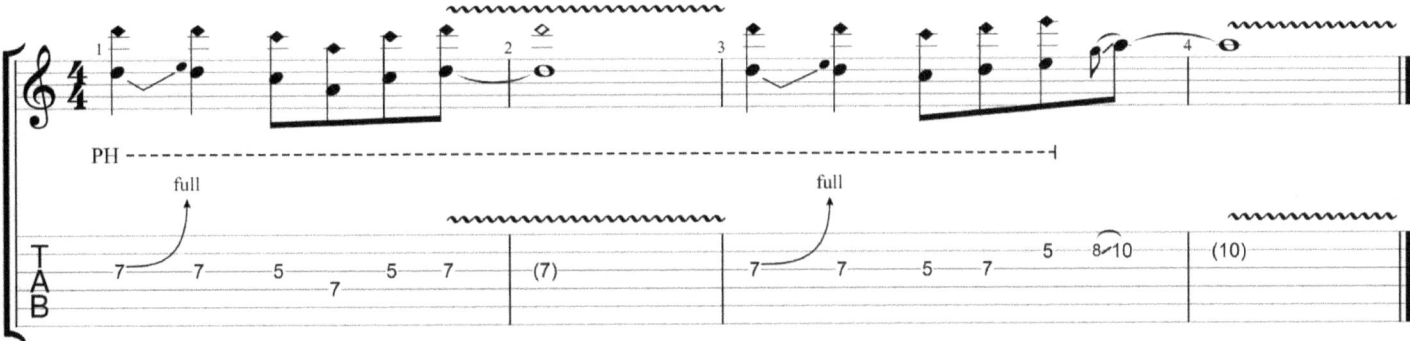

Os *harmônicos com tapping* estão intimamente relacionados com os harmônicos naturais, mas envolvem a execução de *tappings*, a uma distância definida, acima de uma nota digitada. Eles são normalmente notados da mesma forma que um harmônico natural, exceto pelas iniciais "T.H.", escritas acima da tablatura.

A maneira mais fácil de começar a executá-los é digitando uma nota no começo do braço da guitarra e fazendo tappings 12 casas acima da nota digitada, diretamente sobre o traste de metal. No exemplo abaixo, pressione a corda Sol, na 2ª casa, e faça um tapping sobre o traste de metal, na 14ª casa. Toque de forma vigorosa e rápida. Seja rápido, para que o seu dedo fique em contato com a corda o menor tempo possível.

Exemplo 7f

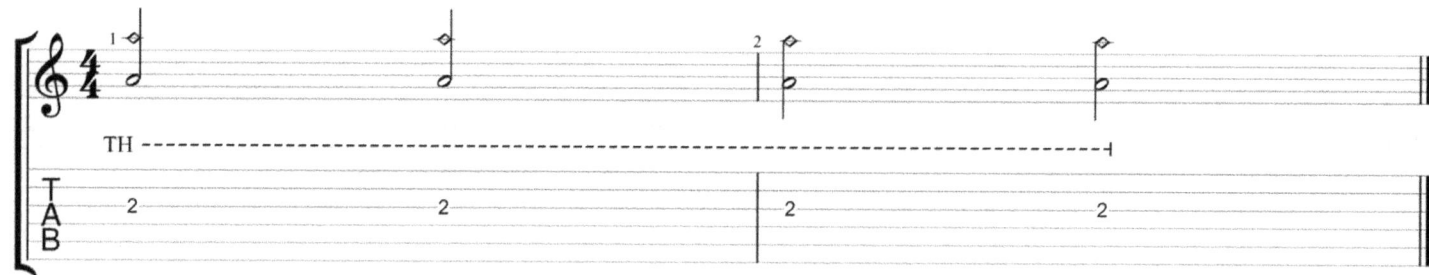

Mais uma vez, como acontece com muitas coisas na vida, é tudo uma questão de proporção! Você pode criar harmônicos fazendo tappings 12, 7, 5, 4 etc casas acima de uma nota digitada. É útil pensar que o tapping na 12ª casa começa acima da casa "zero", desse modo você entenderá as proporções mais facilmente e conseguirá tocar os harmônicos.

No exemplo a seguir, a corda Sol é pressionada, na 2ª casa, enquanto tappings são executados em vários pontos da corda Sol. Adicione um pouco de vibrato com a mão esquerda, para fazer soar os harmônicos.

Exemplo 7g

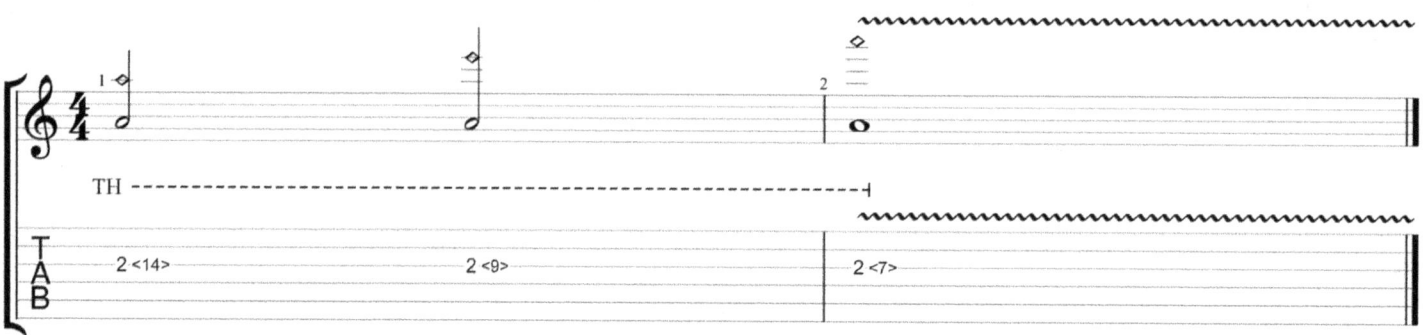

Uma bela aplicação dos harmônicos com tapping (e também dos harmônicos de harpa, que abordaremos em breve) consiste em montar um acorde com a mão esquerda e executar tappings, com a mão direita, 12 casas acima das notas de um acorde. Se você utilizar o dedo **M**, você pode continuar segurando a palheta normalmente. Lembre-se de fazer tappings vigorosos, rápidos e exatamente sobre o traste de metal.

Exemplo 7h

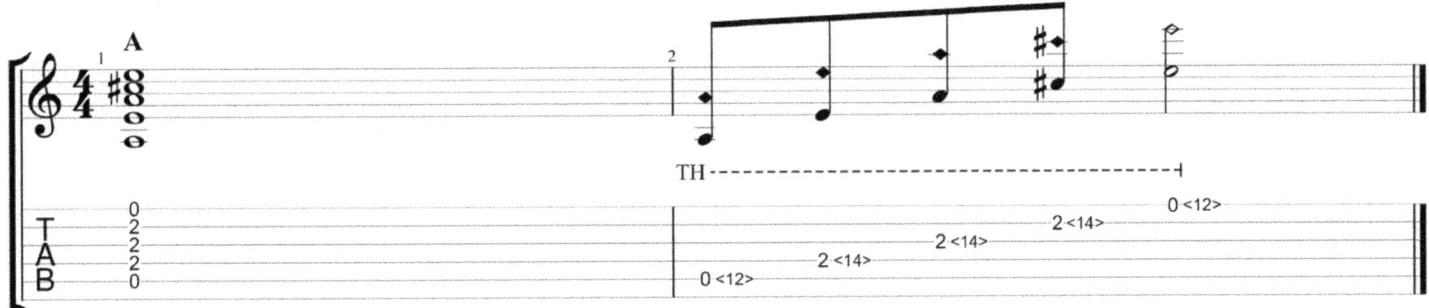

Os *harmônicos artificiais* e os *harmônicos de harpa* são técnicas complicadas, mas que soam incríveis. Essa última técnica envolve pressionar uma corda (em geral um acorde) e tocar o harmônico de harpa 12 casas acima da corda pressionada (ou das cordas pressionadas).

Para tocar esses harmônicos, digite uma nota com a mão esquerda (por exemplo, a nota A, na corda Sol, na 2ª casa). Agora, posicione o dedo **I** da mão direita sobre a 14ª casa. Toque na corda levemente sobre o traste da 14ª casa, depois dedilhe a corda com o dedo **P** ou outro dedo e então levante imediatamente o dedo **I**.

A escolha do dedo utilizado para dedilhar a corda varia de guitarrista para guitarrista, dependendo do que cada um acha mais confortável. Particularmente, posiciono o dedo **P** atrás do dedo **I**, então posiciono este último sobre o traste de metal e dedilho a corda com o dedo **P**. Outros guitarristas tocam da forma clássica e dedilham com o dedo **A**. Aqueles que preferem usar uma palheta a seguram com o dedo **P** e **M**. Independentemente de você utilizar o dedo **P**, **A** ou a palheta, certifique-se de posicionar um dedo ou a palheta atrás do dedo **I**, pois isso vai lhe ajudar a tocar os harmônicos de harpa.

Exemplo 7i

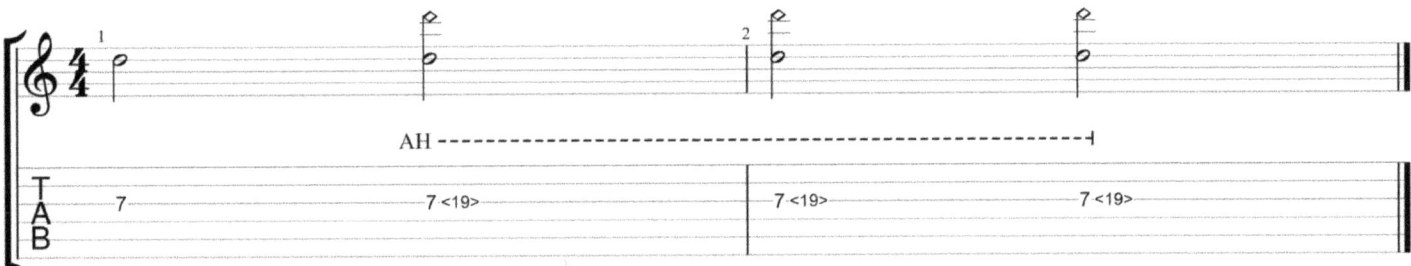

O *harmônico de harpa* é uma técnica executada através da combinação de harmônicos artificiais com notas tocadas de forma convencional. O efeito de "harpa" é criado ao tocarmos um harmônico artificial, seguido por uma nota digitada, que é por sua vez seguida por outro harmônico artificial e assim por diante. As notas podem soar umas sobre as outras e devem soar o máximo de tempo possível.

Para tocar um harmônico de harpa, você deve:

- Montar um acorde.

- Tocar a primeira nota como um harmônico artificial, tocando 12 casas acima da nota digitada em questão, usando a técnica supracitada.

- Tocar a próxima nota do acorde de forma normal (alguns guitarristas vão diretamente para a terceira nota, para criar um intervalo mais amplo).

- Tocar a próxima nota como um harmônico artificial.

- Repita os passos acima, até você terminar de tocar o acorde.

A combinação de harmônicos e notas normais criará um efeito "cascata", também conhecido como *"harmonic roll"*. Use os dedos **I** e **P** para tocar harmônicos e o dedo **A** para dedilhar as notas normais.

Exemplo 7j

Os harmônicos são uma belíssima técnica, mas a sua notação é uma das menos padronizadas na música moderna. Muitas vezes, é fácil identificá-los devido ao contexto, portanto fique atento às notações "P.H.", "T.H." e "H.H.".

Capítulo Oito: Técnicas com a Barra Whammy

A *barra whammy* possui vários designs e formatos (às vezes é erroneamente chamada de *barra de tremolo*), mas todos eles funcionam de maneiras semelhantes. No entanto, a finalidade de qualquer *barra whammy* é aumentar ou diminuir a tonalidade de uma nota na guitarra.

Quando a barra whammy é movida para baixo, a tensão nas cordas é reduzida e qualquer nota que esteja soando terá a sua tonalidade diminuída. Essa diminuição, inclusive, pode ser abrupta, dependendo do quanto a barra whammy for movida para baixo! Na parte de trás da ponte da guitarra, na parte de dentro, há um conjunto de molas que fazem com que a barra whammy volte à sua posição original, após a pressão sobre ela ter cessado.

Algumas barras whammy podem ser configuradas de modo que, além de diminuir a tonalidade de uma nota, também seja possível aumentar a tonalidade da mesma.

As barras whammy existem há cerca de 70 anos e foram inventadas pelo luthier Paul Bigsby. No entanto, elas se tornaram de fato famosas no final dos anos 60, com a versão de protesto de Jimi Hendrix do hino nacional americano, *The Star Spangled Banner*. Jeff Beck também tem sido um grande adepto da barra whammy ao longo de sua carreira, com a sua incrível música *Cause We've Ended as Lovers* sendo um exemplo icônico das suas habilidades.

Nos anos 80 e 90, a barra whammy encontrou novo destaque entre guitarras como Eddie Van Halen, Adrian Belew, Joe Satriani e Steve Vai, que redefiniram os limites da guitarra, utilizando o sistema *Floyd Roses*.

A notação da barra whammy na tablatura é feita com um desenho representando o uso da barra whammy acima das notas em questão. A barra whammy está sincronizada ritmicamente com as notas abaixo.

A primeira técnica é adicionar um vibrato simples a uma nota usando a barra whammy. Toque uma nota normalmente e empurre a barra whammy rápida e repetidamente para criar um vibrato suave. Como você pode ter percebido, a notação dessa técnica, na tablatura, é representada por uma linha de vibrato mais inclinada e nítida do que aquelas utilizadas para representar o vibrato comum. Às vezes, você verá a legenda *"w/bar"*, adicionada junto de uma notação de vibrato comum.

Exemplo 8a

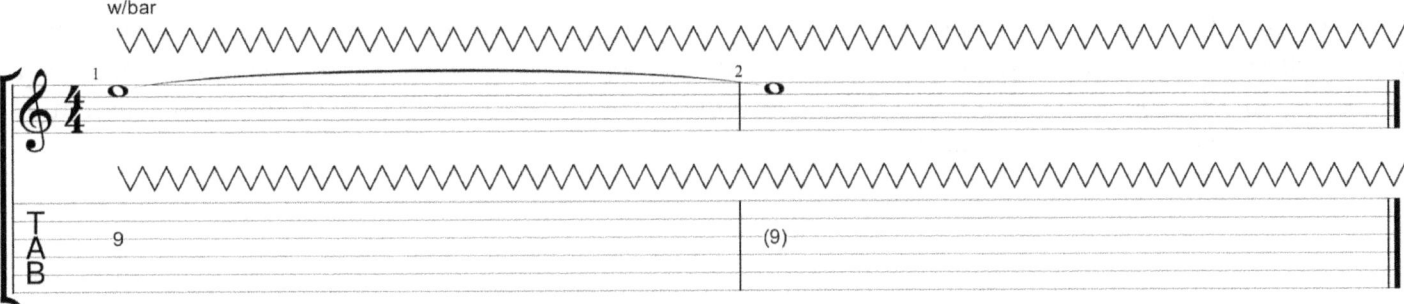

A próxima técnica mais comum com essa barra é a de ir de um tom para outro, geralmente de forma descendente. No primeiro compasso do próximo exemplo, a nota E é mantida por uma batida e, em seguida, diminuída um tom, através da barra whammy. Podemos observar que o movimento da barra está notado acima da tablatura e, além de incluir o ângulo do movimento, também inclui o intervalo correspondente à diminuição de tonalidade.

No compasso dois, a nota é diminuída um semitom. No compasso três, a nota é diminuída um 1 tom e meio.

Exemplo 8b

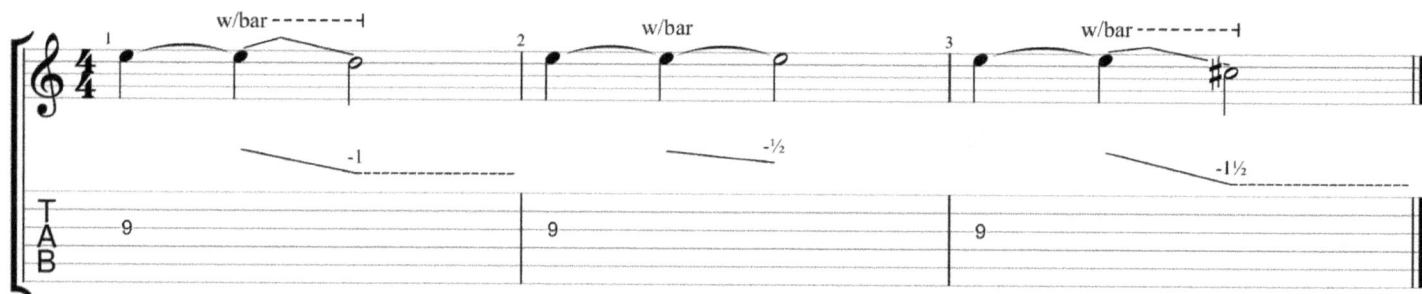

É claro que, uma vez abaixada, a barra whammy precisa retornar à sua posição original, e se esse movimento de retorno produzir uma nota audível, ela precisa estar na notação. Tal movimento é representado por uma linha diagonal apontando na direção oposta da primeira linha.

Exemplo 8c

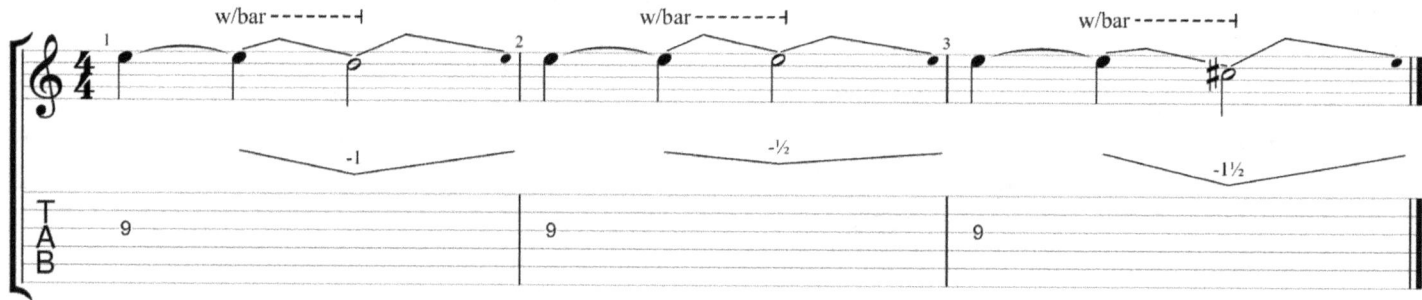

Ao ler uma tablatura, você pode precisar prestar atenção ao ponto exato e à velocidade em que a barra whammy deve ser movida. Além disso, é importante saber por quanto tempo ela ficará abaixada e em quanto tempo ela retornará à sua posição original. Embora os exemplos a seguir pareçam todos semelhantes e diminuam as notas em um tom, todos eles têm frases diferentes. Ouça o áudio de exemplo para ouvir como cada um dos compassos com a barra whammy deve soar.

Exemplo 8d

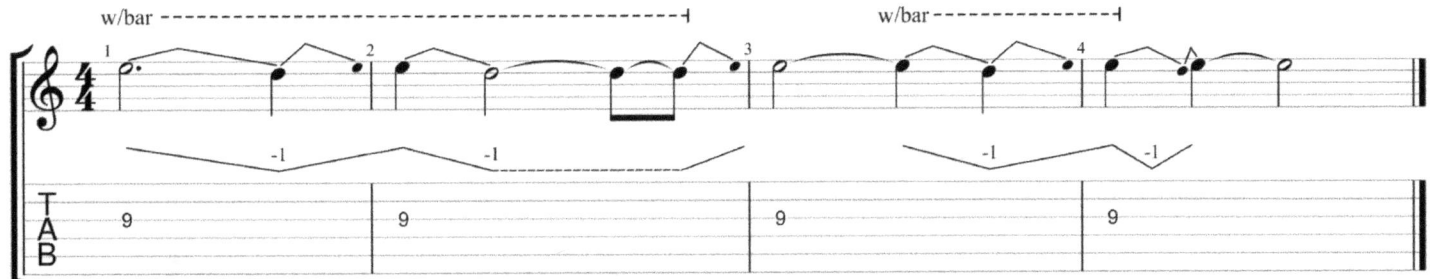

Outra técnica comum com a barra whammy é o *dip*. Ele não é nada mais do que a execução de um rápido e controlado movimento para baixo com a barra whammy, que retorna imediatamente à sua posição original, através das molas do sistema da própria barra. Novamente, o símbolo dessa técnica é bastante simples, mas preste atenção ao momento em que o *dip* ocorre nos dois exemplos a seguir.

Exemplo 8e

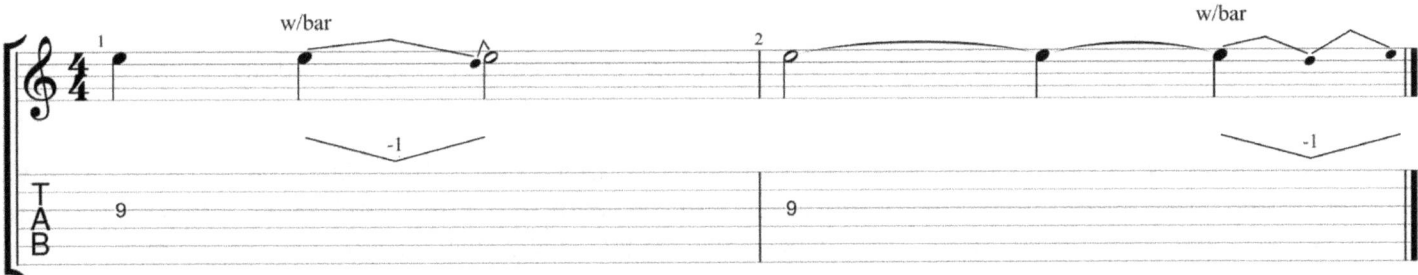

A técnica do *scoop* com a barra whammy consiste em pressionar ligeiramente a barra (em cerca de 1/4 ou 1/2 tom), alcançar o tom desejado, e, em seguida, soltar a barra whammy para trazer rapidamente a nota, em um tom abaixo, para a sua tonalidade inicial. Essa é uma técnica complicada e grande parte do som da guitarra de Jeff Beck. O *scoop* é notado por uma linha que se parece com um *pré-bend*. A frase a seguir apresenta *scoops* que começam em tonalidades abaixo da nota alvo.

Exemplo 8f

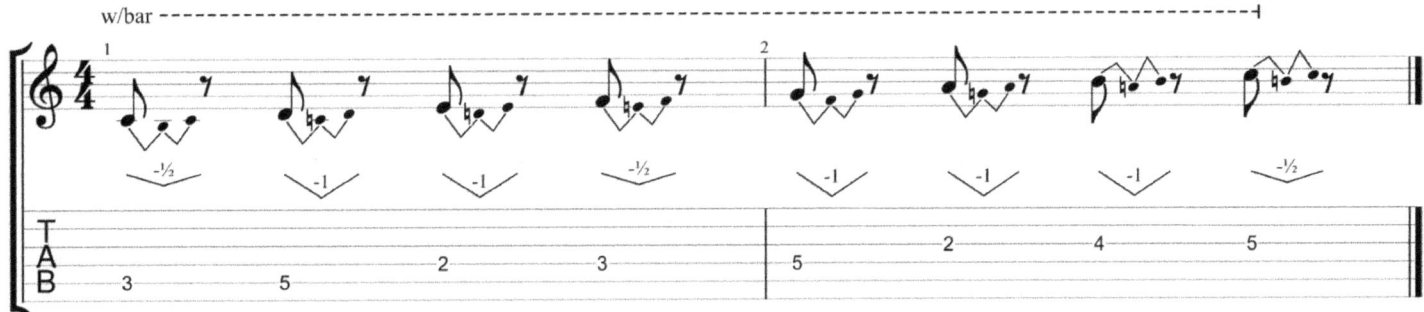

Ao empurrar mais a barra whammy, criamos o *mergulho*. Ele soa muito bem com uma nota isolada ou um *double-stop*, e, para conseguir a *vibe* dos anos 80, execute-o junto de um harmônico natural, feito na 5ª casa, ou de um harmônico artificial bem agudo. Tenha cuidado para não tocar as cordas não utilizadas.

Exemplo 8g

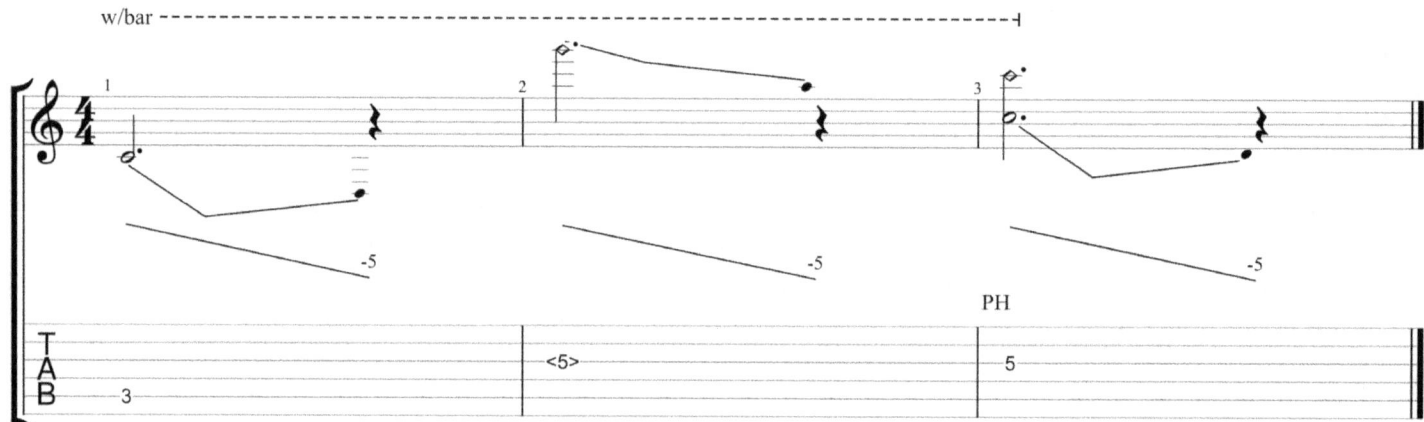

Finalmente, uma técnica que só é realmente possível de ser executada em sistemas flutuantes ou no sistema Floyd Rose, é o *flutter* ou *gurgle*.

Para tocar um *flutter*, aponte a barra whammy para trás, na direção da correia da guitarra e então a mova agressivamente para baixo, na direção do corpo da guitarra, para soar a nota através da vibração da barra whammy. Há várias maneiras de notarmos isso na tablatura, mas o símbolo a seguir é o mais comum.

Exemplo 8h

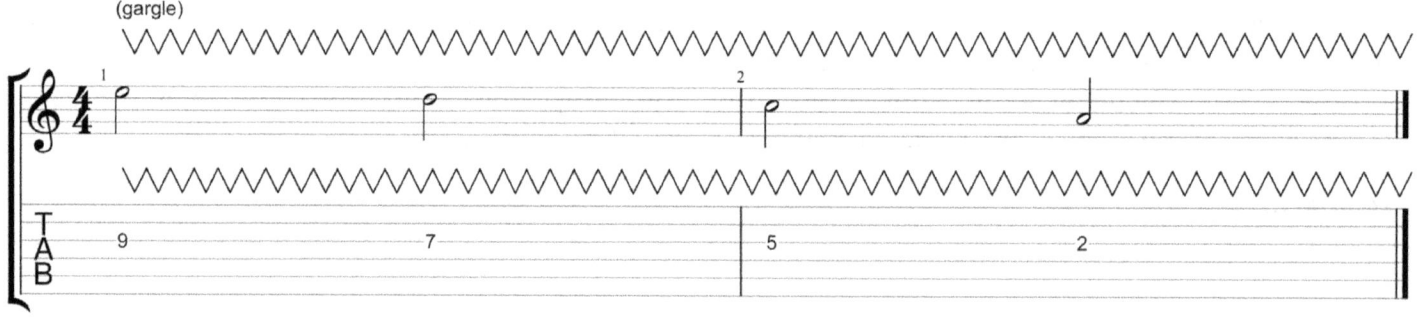

Capítulo Nove: Direções Estruturais

No capítulo um, abordamos alguns dos conceitos básicos sobre tablatura. Vimos que ela possui seis linhas, cada uma delas representando uma corda e que a música é dividida em compassos e batidas. Neste capítulo, veremos mais algumas notações de tablatura que nos mostram a ordem em que devemos tocar uma determinada música.

Barras de Compasso

Existem alguns tipos de barras de compassos usados em tablatura na guitarra. O primeiro é uma barra simples que divide um compasso e torna a partitura e a tablatura mais fáceis de serem lidas. Abaixo, temos uma pequena melodia dividida em quatro compassos.

Exemplo 9a

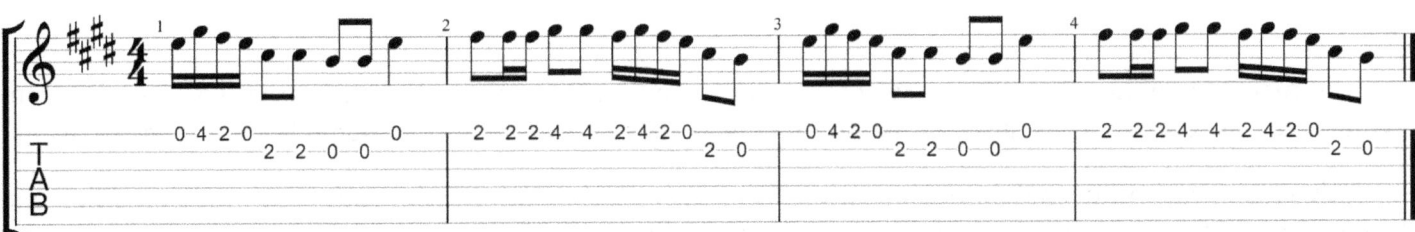

Ao tocar a melodia do exemplo 9a, você provavelmente notou que ela foi tocada duas vezes. Músicos são naturalmente um pouco preguiçosos, por isso há barras especiais que direcionam o músico a repetir tudo o que estiver entre elas. Uma barra dupla com dois pontos verticais é um símbolo de *repetição*. Uma frase a ser repetida estará entre duas barras desse tipo. Observe que os pontos estão ao lado das linhas que indicam a repetição.

O exemplo 9b soa idêntico ao exemplo 9a:

Exemplo 9b

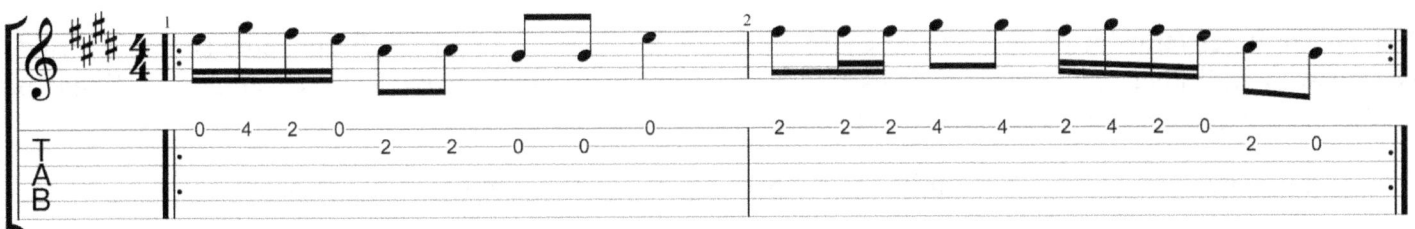

Uma barra dupla, sem pontos, mostra que uma seção da música terminou, e outra está para começar.

Exemplo 9c

A simile funciona da mesma forma que as marcações de repetição, mas geralmente é reservada a seções com acordes ou riffs. Os bateristas utilizam-na muito, pois as suas partes são normalmente bastante repetitivas.

A simile se parece com o sinal de porcentagem (%) e quando presente em um compasso vazio significa que devemos *repetir o compasso anterior*. No exemplo a seguir, o primeiro compasso deve ser tocado uma vez e então repetido outras três vezes.

Exemplo 9d

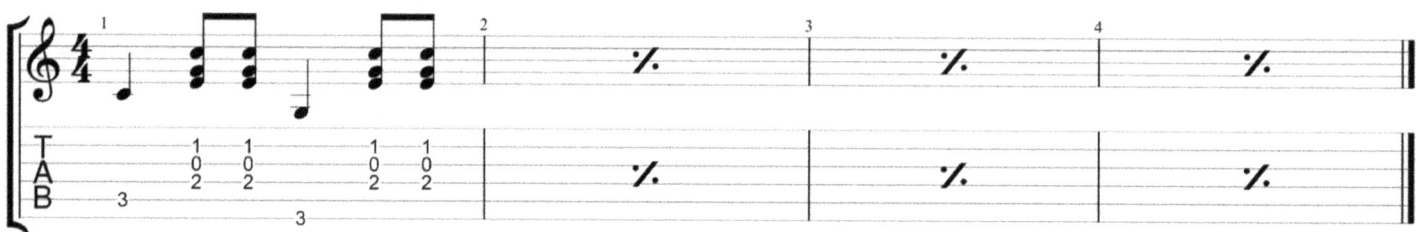

Marcas similares também podem ser colocadas entre dois compassos e escritas diretamente sobre a barra de compasso, para indicar que um número específico de compassos deve ser repetido. O número de linhas na simile lhe diz quantos compassos você deve repetir.

Por exemplo, na notação abaixo, a simile lhe diz para repetir os dois compassos anteriores.

Exemplo 9e

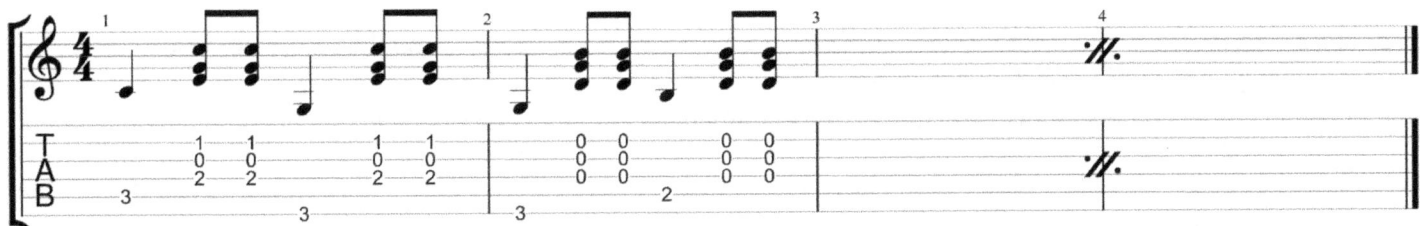

As *chaves de volta* costumavam confundir-me quando eu era criança, mas elas, na verdade, são muito simples. Você pode pensar nelas como finais diferentes a serem tocados, após uma seção repetida.

No exemplo a seguir, toque a progressão de acordes de oito compassos e repita-a de acordo com as marcas de repetição. Na segunda vez, em vez de tocar o último compasso da 1ª finalização, toque o compasso da 2ª finalização.

Exemplo 9f

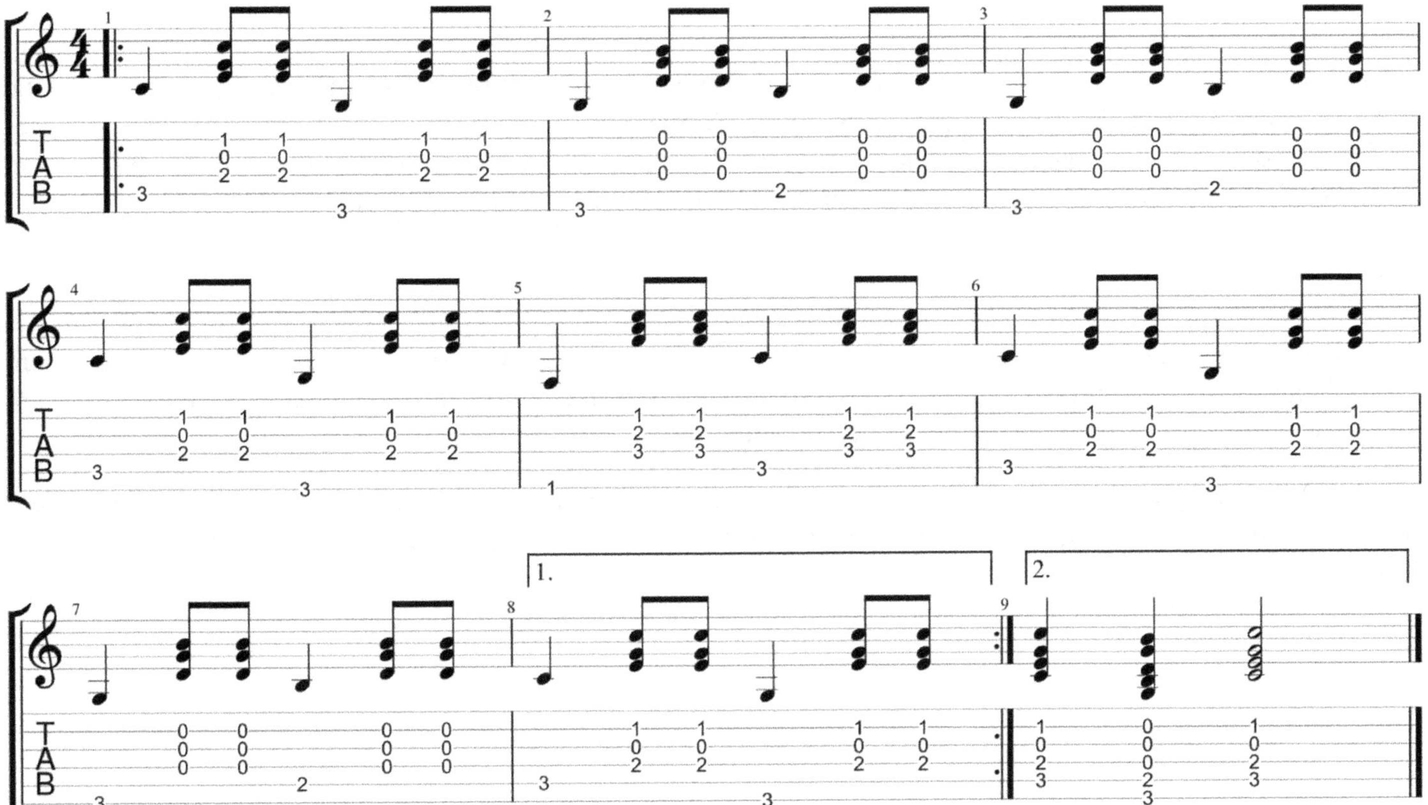

Nota: É possível ter mais de dois finais, você pode ter o 1º final, o 2º final, o 3º final etc.

Uma marcação que você pode encontrar ocasionalmente é a *Da Capo* (ou *D.C.*). Essa é uma palavra italiana que significa "desde o início". Ela é normalmente encontrada no final de uma peça e lhe diz para repetir toda uma peça musical.

A palavra *fine* (em italiano "fim") é frequentemente colocada mais cedo na música e mostra onde você deve terminar a peça depois de seguir o *Da Capo*. Muitas vezes você verá a frase *Da Capo al fine* (ou *D.C. al fine*) que significa "volte para o início da peça e continue tocando até ver a palavra *fine*".

No exemplo 9g, toque a frase de quatro compassos até a marcação *D.C. al Fine* e depois comece novamente do início e termine na palavra *fine* no compasso três.

Exemplo 9g

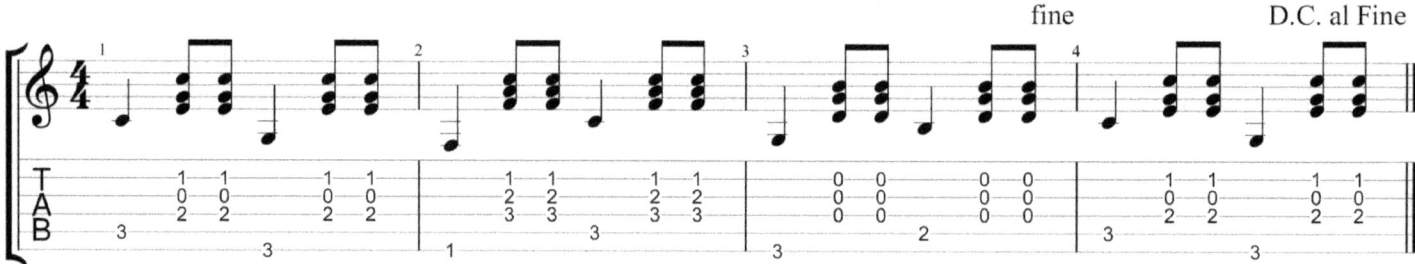

Às vezes, a notação não exige que você vá até o início de uma peça. Em vez disso, talvez seja necessário que você retorne a uma seção ou compasso específicos. A maneira de notar isso é com um *Dal Segno* ou *D.S.* (pronuncia-se *se-nho*). A marcação *segno* é representada por um pequeno sinal que se parece com um "S" com uma barra através dele e que pode aparecer em qualquer ponto de uma notação musical.

D.S. al fine significa "voltar ao sinal de *segno* e tocar até ao fim". Embora o exemplo a seguir seja bem curto, imagine quanto tempo esse sistema teria poupado aos compositores que há centenas de anos escreviam sinfonias para 100 instrumentos, com apenas uma pena.

No próximo exemplo, toque a frase de quatro compassos e siga a marcação *D.S. al fine*. O *segno* está no início do compasso dois, logo você tocará seis compassos no total. Ouça o áudio de exemplo, se você estiver com dúvidas.

Exemplo 9h

Uma última marcação que você pode encontrar é a *Da Capo al coda* (*D.C. al coda*) ou *Dal Segno al coda* (*D.S. al Coda*).

O *coda* é representado pelo símbolo ⊕ e consiste (normalmente) em uma pequena seção adicionada no final de uma peça musical, para levá-la a uma conclusão satisfatória. Na música moderna o *coda* possui de 4 a 16 compassos de comprimento e pode consistir de um vamp do tipo "repita até o *fade*" ou de qualquer outro recurso disponível, utilizado para finalizar uma música.

Assim, quando você ver a indicação *Da Capo al coda* (ou *D.C. al coda*), significa que você deve: "voltar ao início, tocar até ver a palavra *da coda* (ou o sinal ⊕), depois saltar para a seção do *coda*, a qual é sinalizada logo após a parte principal da música".

A marcação *Da Segno al coda* (ou *D.S. al coda*), significa "voltar ao *segno*, tocar até ver a palavra *da coda* (ou o sinal ⊕) depois saltar para a secção do *coda*, que está sinalizada logo após a parte principal da música".

No exemplo 9i, usei a marcação *D.C al coda*, assim sendo, toque os quatro compassos completos, depois volte ao começo e toque até o sinal *Da Coda*, no final do segundo compasso. Avance para a seção do *coda*, no final da música (também sinalizada pelo *coda*), e repita-a, como indicado pelas outras marcas de repetição. Termine a música no terceiro compasso do *coda*, após reproduzir a seção repetida.

Exemplo 9i

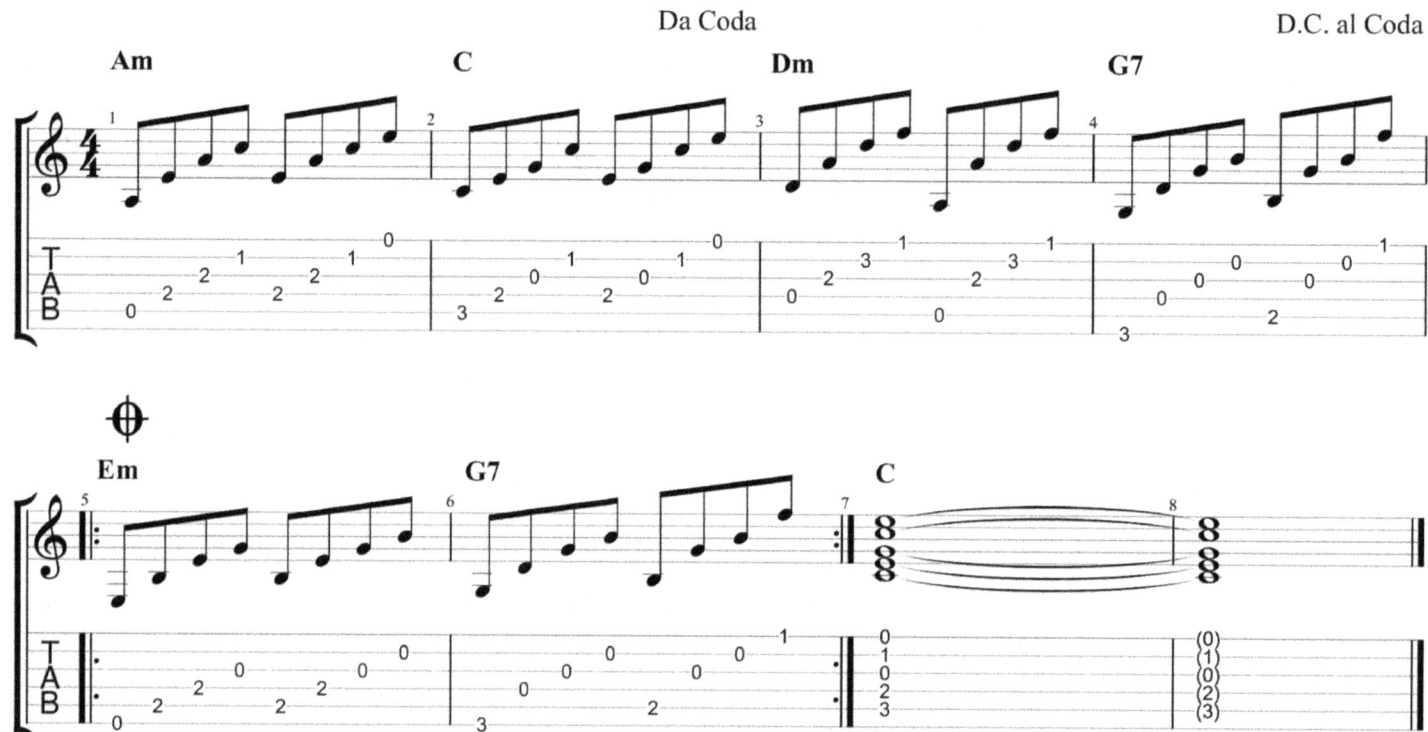

Quando estamos iniciando o estudo de tablatura, as marcas do tipo *Da Capo* podem parecer um pouco confusas, e você definitivamente tem que ficar atento a elas. No entanto, após entender como elas funcionam, você será capaz de economizar tempo de escrita e de anotar rapidamente as suas ideias, para compartilhá-las com os seus companheiros de banda. Entender como elas funcionam na tablatura é uma habilidade essencial.

Conclusão

Bem, conseguimos! Este livro, que começou com a intenção de ser um pequeno guia para os meus alunos, se tornou um tanto longo — mas espero que ele lhe deixe preparado para ler as diferentes notações de tablatura, que dão tantas nuances às músicas compostas para guitarra. Um excelente próximo passo seria procurar algumas tablaturas dos seus solos favoritos, para que você os examine, buscando identificar as notações apresentadas neste livro. Ainda, que tal compor um solo e depois escrevê-lo em formato de tablatura, usando as marcações de articulação e dinâmica ensinadas neste livro?

Divirta-se,

Joseph.

Outros Livros da Fundamental Changes

Guitarra Solo Heavy Metal

Fluência no Braço da Guitarra

O Guia Completo para Tocar Blues na Guitarra: Livro Um – Guitarra Base

O Guia Completo para Tocar Blues na Guitarra: Livro Dois: Frases Melódicas

O Guia Completo para Tocar Blues na Guitarra: Livro Três - Além das Pentatônicas

O Guia Completo para Tocar Blues na Guitarra– Compilação

O Sistema CAGED e 100 Licks de Guitarra Blues

Mudanças Fundamentais na Guitarra Jazz

Dominando o ii V Menor na Guitarra Jazz

Chord Tone em Solos na Guitarra Jazz

Solos na Guitarra Jazz Blues

Escalas de Guitarra Contextualizadas

Acordes de Guitarra Contextualizados

Dominando Acordes de Jazz na Guitarra

Técnica Completa de Guitarra Moderna

Dominando a Guitarra Funk

O Livro Completo de Técnica, Teoria e Escalas – Compilação

Dominando Leitura de Notação na Guitarra

Guitarra Rock CAGED: O Sistema CAGED e 100 Licks para Guitarra Rock

Guia Prático De Teoria Musical Moderna Para Guitarristas

Lições de Guitarra Para Iniciantes: O Guia Essencial

Siga-nos

Para acessar centenas de aulas gratuitas de guitarra, visite: **www.fundamental-changes.com**

www.facebook.com/FundamentalChangesInGuitar

@RobThorpeMusic

@Guitar_Joseph

www.ingramcontent.com/pod-product-compliance
Lightning Source LLC
LaVergne TN
LVHW061255060426
835507LV00020B/2327